Mme Dorrima__

Un roman.

Volume 1

Mme Henry Wayland Chetwynd

Writat

Cette édition parue en 2024

ISBN : 9789359949727

Publié par
Writat
email : info@writat.com

Contenu

CHAPITRE I.

Il n'y a peut-être jamais eu de femme plus perplexe que Mme Dorriman, une dame dont l'esprit était susceptible d'être dans une attitude de perplexité à propos de la plupart des choses dans ce monde complexe. Les problèmes de la vie pesaient très lourdement sur elle (non seulement les questions plus profondes qui embarrassaient les esprits scientifiques et qui allaient de la consommation de gaz et de ses proportions inattendues dans l'économie domestique, à la question épineuse des étoiles filantes et de l'influence des forces naturelles).), mais elle se contentait dans une certaine mesure de rester dans l'ignorance, reconnaissant, avec une certaine sagesse, qu'il y avait tant de choses qu'elle ne pouvait pas comprendre ; il était tout à fait inutile de faire un effort dans quelque direction que ce soit.

La cause immédiate de sa confusion actuelle était une lettre de son frère. Cette lettre, posée sur ses genoux, avait été lue plusieurs fois, et elle la tenait délicatement par un coin et fronçait les sourcils en la regardant – un peu comme on pourrait faire face au calcul différentiel alors que les anciennes voies de la complexité mathématique n'avait pas été foulé. C'était sur la côte ouest de l'Écosse, un certain jour de septembre, que Mme Dorriman était assise sous un grand sorbier dont les baies écarlates commençaient à flamboyer dans une beauté automnale ; de là où elle était assise, on entendait distinctement la mer, au loin, dans sa monotonie incessante et musicale.

D'un côté, les belles collines de Skye prenaient toutes les teintes changeantes sous l'influence du soleil et de la tempête. Chaque creux était marqué à un moment donné par la vive lumière du soleil, qui projetait des ombres bleues si claires, si nettes et si belles, et se retirant ensuite derrière un voile de brumes ; si proche et si délicieusement colorée avant la pluie, et à moitié cachée par des nuages menaçants avant l'éclatement d'une tempête.

Derrière Mme Dorriman, le terrain était en pente ascendante et bien boisé ; une brûlure s'est précipitée et est tombée sur le flanc de la colline en forme de cascade par-dessus la falaise ; sa propre maison était petite, mais bien conçue, et si abritée que les fleurs du printemps, toujours si bienvenues pour quiconque ayant même un faible sens de la beauté naturelle, s'épanouissaient ici à la perfection. Du côté du brûlage, une promenade serpentait, ayant été taillée dans le rocher, et descendait jusqu'au bord de la mer et longeait la falaise jusqu'à ce qu'elle se termine dans une parcelle d'herbe, où trois pierres constituaient un siège sûr et confortable. .

Mme Dorriman faisait partie de ces femmes dont la vie a été marquée par un échec perpétuel. Son enfance avait été négligée, sa jeunesse avait été la même ; elle fut précipitée dans un mariage avec un homme beaucoup plus âgé qu'elle, pour lequel, si elle ne détestait pas, elle n'avait aucun amour réel, et vers qui, quand l'adversité arrivait, elle n'avait rien pour l'attirer, car l'adversité est la plus haute épreuve. d'amour, et s'il n'y a pas d'affection profonde, le souffle du non-succès le tue immédiatement.

Elle était désolée quand il est mort ; mais elle avait le sentiment profond que, d'une certaine manière, tout était de sa faute – et elle le blâmait tellement et se plaignait tellement d'elle-même qu'elle n'avait aucune place pour la pitié. Ce n'est que lorsqu'il mourut et lui lança un regard mi-reprochable, mi-implorant, qu'un vague sentiment de manque en elle-même et de son injustice lui vint, et elle s'était soudainement penchée et l'embrassait, et elle en était toujours heureuse ; elle lui avait finalement pardonné et le lui avait fait savoir.

Depuis quelques années maintenant, elle vivait à Inchbrae, comprenant vaguement comment elle en était venue à y vivre et comment ses revenus lui arrivaient. Tout était pour elle confusion à ce sujet. Elle n'a jamais su comment il se faisait que tout ce qu'elle venait de son frère. Son mari était un homme riche lorsqu'elle l'avait épousé ; et même s'ils s'étaient déplacés d'un endroit à un autre et semblaient toujours revenir en arrière au lieu d'avancer, il lui semblait néanmoins étrange qu'elle soit dépendante et non indépendante.

Le souvenir de ces premiers jours lui avait appris en quelque sorte à comprendre le caractère de son frère, son frère qui était son demi-frère, un lien qui peut être si serré ou si éloigné !

Ce souvenir lui donna la conviction, bien cachée dans son cœur secret, que, sans une raison quelconque, la bonté apparente ne serait pas là ; et à moitié effrayée, voire plus qu'à moitié effrayée, devant la témérité de ses pensées, elle se leva brusquement de son siège, et fut rappelée à sa position actuelle par la lettre qui tomba à terre.

Cette lettre lui demandait, dans des termes qui équivalaient à un ordre, de renoncer à sa maison et de venir vivre avec lui, non de louer la maison, mais de la vendre ; en effet, il l'informa que, ne doutant pas qu'elle soit heureuse de faire ce qu'il souhaitait, il avait déjà pris des mesures à cet effet.

Pauvre Mme Dorriman ! Elle était si peu sûre d'être heureuse sous le toit de son frère, qu'il lui était très terrible de se mettre dans une position d'où elle ne pouvait se retirer à volonté. C'était une femme qui n'avait jamais eu de sa vie une confidente ou un ami auprès de qui elle pouvait prendre conseil, étant l'un de ces rares personnages qui ne peuvent littéralement parler à aucune des choses les plus proches d'elle. Dans son enfance et sa jeunesse, elle avait été isolée et n'avait eu aucun compagnon, et entre elle et son mari il n'y avait jamais eu une pleine confiance ; des pensées si entièrement gardées pour soi ont tendance à devenir amères et unilatérales ; rien n'est peut-être plus malsain que de ne laisser aucune lumière du monde extérieur éclairer ces pensées plus sombres qui viennent parfois à chacun, et qu'une discussion franche et ouverte avec un ami chassera souvent ; mais si cela est périlleux dans les cas ordinaires, c'est bien pire lorsqu'une pensée réside dans le cœur avec un présage si terrible qu'elle agit comme une goutte de poison mortel, et que seule la connaissance de sa puissance l'empêche d'être sortie et regardée. dans tous ses repères.

La brise marine ébouriffait les cheveux de Mme Dorriman. Elle n'avait pas beaucoup plus de trente ans et, une fois son deuil passé, elle ne portait plus de casquette. Elle avait beaucoup de charme dans son visage et dans sa personne, mais ses grands yeux gris plutôt clairs avaient l'habitude de baisser les yeux comme si l'on pouvait y lire quelque chose qu'elle souhaitait cacher, et son visage avait perdu son éclat. Elle bougeait bien, mais avec le pas lent de celle qui n'a jamais connu une santé robuste, et à qui le repos est plus acceptable que l'activité.

Elle resta longtemps assise là à réfléchir, une idée traversant toutes ses pensées : à quoi servait une réflexion ? Son frère, M. Sandford, de vingt ans son aîné, avait toujours été maître de son destin et le serait toujours. Elle était pratiquement impuissante, à moins que... Elle joignit les mains et la couleur monta un instant sur ses joues pâles. Lentement, une résolution se forma dans son esprit. D'un pas qui ne paraissait pas pressé, mais l'esprit tendu, elle remonta le chemin qui menait à sa maison. Il lui semblait très juste de le quitter maintenant – car les choses deviennent plus désirables pour nous tous à mesure qu'elles s'éloignent de notre portée – et elle s'arrêta un instant pour le regarder. Les pierres grises dégrossies étaient en partie masquées par diverses plantes grimpantes ; des roses et du chèvrefeuille surplombaient le porche, et le jardin avec sa pelouse bien entretenue offrait encore à l'œil un parfait régal de couleurs. Mme Dorriman soupira et, entrant dans la maison, elle écrivit un mot et sonna sa servante. Elle était encore un peu rouge, mais elle envoya son mot, et, reprenant son travail, elle s'assit et continua machinalement. Personne en la voyant n'aurait pu imaginer qu'elle avait, pour la première fois de sa vie, déclenché un acte de rébellion.

Elle continuait de regarder le chemin qui se dessinait entre les bouleaux semés par elle-même et qui tapissaient la vallée. La réponse à sa note vint sous la forme d'une chaise-poney délabrée avec un poney dedans, dont les multiples occupations le laissaient attristé et sobre en apparence, exigeant beaucoup de persuasion pour le faire avancer avec toute approche de la vitesse. Il descendait les collines en rampant et les remontait en rampant, et son pelage d'hiver était déjà assez épais pour le rendre absolument imperméable à un fouet, qui était devenu plus court et avait perdu son fouet en le servant. Ce poney aurait pu, avec beaucoup de vérité, dire à quiconque essayait de le pousser : « Cela vous amuse et ne me fait pas de mal. Mme Dorriman, dans les rares occasions où elle avait besoin de se rendre à la ville la plus proche, à neuf milles de là, avait emprunté cette petite monture au fermier qui la gardait pour sa mère invalide, et elle connaissait bien le poney ; quand elle le vit arriver, elle plia sa lettre et monta à l'étage, enfilant ses affaires comme si elle allait à l'église, et se tenant à la porte, prête à entrer quand elle arriverait là. Le garçon aux joues roses qui conduisait était doué par nature et ne désirait pas la conversation, et Mme Dorriman prenait un livre pour tromper l'ennui du chemin, qu'elle lisait, comme nous le faisons parfois, sans en comprendre le sens. , l'esprit plein du changement prochain et du projet qu'elle avait soudainement fait et qui était en contradiction avec toutes les habitudes antérieures de sa vie.

Cet amour des beaux paysages, sans lequel peu de gens naissent vraiment, lui faisait de temps en temps lever la tête et regarder autour d'elle. De chaque côté s'élevaient les collines, avec leurs immenses déchirures et leurs crevasses recouvertes de mousse, et çà et là une parcelle d'herbe sur laquelle se regroupaient les robustes petits moutons des montagnes. Plus bas, les bois de bouleaux naturels étaient une masse d'or, leur couleur rehaussée par le mouvement ondulant de leurs branches gracieuses, qui captaient la lumière du soleil et la faisaient danser là. Une chaîne de lacs après l'autre balayait la strate avec des promontoires boisés et des îles, et les collines s'élevaient « pic au-dessus des sommets », transportant les pensées vers le ciel qu'elles semblaient atteindre. Il y avait du mouvement dans l'air, mais le vent, bien que venant de la mer, était doux et doux. De quelques chaumières assez misérables et pourtant chaudes à l'intérieur, sortait cette odeur de tourbe qui, pour ceux dont le pied a foulé la bruyère toute leur vie, est pleine d'associations agréables - des beaux jours, quand un bol de lait et une intuition du pain d'avoine était dégusté après l'air vif ; des jours pluvieux, où, errant loin à dos de cheval et rattrapé par la pluie, un feu de tourbe avait apporté chaleur et réconfort, et cette véritable hospitalité qui, d'une manière ou d'une autre, ne manque jamais parmi les pauvres. Mme Dorriman, toute sa vie, avait été redevable aux pauvres pour tout l'amour et la vraie gentillesse qu'elle avait jamais connu - de nombreuses femmes aimables, prenant en pitié l'enfant sans mère, l'avaient acclamée, de nombreux hommes se souvenant du doux visage triste de la mère qui avait vécu parmi eux sa courte vie, une vie courte mais pleine de souvenirs les plus doux pour tous ceux qu'elle avait touchés, avait montré sa gratitude à la mère par la bonté envers l'enfant. Rien ne lui avait été plus douloureux que de quitter son ancien foyer, non pas à cause de la gentillesse de ce foyer où elle avait reçu de nombreuses et amères leçons, mais à cause des amis proches et chaleureux qui remplissaient sa vie et que l'on trouvait presque partout. chaque chalet à flanc de colline.

Si elle y était allée, le bonheur aurait prédominé sur la douleur, mais M. Sandford (qui avait le mérite de ne pas avoir de préférences insensées) avait vendu sa vieille maison depuis longtemps et avait construit une maison selon son goût à moins de deux milles de là. une ville manufacturière prospère, et la pauvre Mme Dorriman avait assez souvent entendu parler de sa fumée, des arbres tués par les vapeurs de certaines usines de soufre et des fleurs fanées ; et, comme tous les gens qui vivent seuls et dans leurs propres pensées, elle a exagéré la misérable perspective qui s'offrait à elle. Elle dépendait entièrement de son frère et n'avait pas le choix, mais, même si elle était trop timide pour prendre position contre lui, elle en avait assez de la femme en elle pour penser qu'il n'y avait aucun mal à le contourner dans une certaine mesure, d'autant plus que il n'aurait jamais besoin de le savoir à moins que... et alors elle interrompit sa réflexion et s'enfonça résolument une fois de plus dans son livre, en y prenant aussi peu qu'auparavant.

Elle fut réveillée par la vue de la rangée de petites maisons qui formaient le début de la ville, et par la voix du garçon, qui rompit le silence de deux heures et demanda d'une voix posée : « Où vais-je vous mettre, mon garçon ? "

« Chez le drapier, Willie ; et j'appellerai à l'auberge quand je serai prêt à rentrer chez moi.

Elle entra dans la boutique du drapier et réfléchit un instant – même dans une telle occasion, son esprit était contre l'achat de choses inutiles – et elle regarda avec un peu d'impuissance la gamme de tissus et de tissus faits maison qui se trouvaient d'un côté de la boutique. et à l'épicerie et des barils de farine et de harengs de l'autre ; l'odeur dominante était celle de la corde goudronnée, des harengs et des bougies de l'espèce primitive fabriquées dans le district, des trempettes avec beaucoup de coton et très peu de suif.

Le commerçant attentif se pencha sur le comptoir (elle y faisait son commerce) – il craignait à moitié qu'elle vienne se plaindre – et il lui demanda, de ce ton doux où l'on aurait pu lire une crainte distincte, ce qu'elle demandait.

Mme Dorriman le regarda un peu impuissante et ne répondit pas pendant un moment ou deux, puis, d'une voix plus basse que d'habitude avec elle, elle lui demanda le chemin de la banque.

Bon M. Forbes pensa immédiatement qu'elle avait peut-être de mauvaises nouvelles, et il lui déplaça une chaise avec sympathie, mais elle ne voulut pas s'asseoir. Se jetant par-dessus le comptoir, il se dirigea vers la porte et expliqua que la banque était plus haut dans la rue et sur la droite. En effet, comme la ville ne contenait que très peu de choses, à l'exception d'une très longue rue éparse, cela aurait été très difficile. de l'avoir raté.

Mme Dorriman salua ses remerciements, regarda pour voir que la calèche et le garçon étaient bien hors de vue, ayant le vague sentiment que, si le garçon savait qu'elle était allée à la banque, toutes ses intentions les plus privées pourraient immédiatement être révélées. à son frère. Murmurant quelque chose d'indistinct sur son retour, elle remonta la rue dont le pavage n'était pas fait dans son ensemble, mais se vantait seulement de drapeaux devant les maisons les plus belles, et les espaces entre eux étaient en terre et souvent boueux.

L'apparition insolite d'une dame qui marchait appelait tout le monde à sa porte : les deux boucheries, non rivales mais amies, qui tuaient un mouton un jour sur deux pour ne pas « gêner » l'une l'autre ; la boulangerie avec son assortiment de pains nus. - le bureau de poste avec un tableau imposant et les friandises les plus excellentes dans une fenêtre (ce qui expliquait parfois le caractère collant des lettres) étaient tous passés, et ne se donnant pas le temps de réfléchir, Mme Dorriman se dépêcha. , entra dans la banque et demanda M. Macfarlane.

M. Macfarlane, qui était venu occasionnellement à Inchbrae pour la voir pour affaires, fut un peu surpris par l'arrivée d'une femme qui n'était jamais allée à la banque auparavant, et il imagina naturellement que quelque mauvaise nouvelle l'avait amenée là.

"J'espère", commença-t-il en entrant dans la petite salle réservée aux interviews et loin de l'audition des deux jeunes employés, qui écrivaient parfois avec diligence et compensaient leur industrie à d'autres moments, en mordant le sommet des papiers. leurs plumes et parcourant le journal du comté, dont chaque ligne, à défaut d'autres publications, ils connaissaient par cœur : « J'espère… »

"Ce n'est pas une mauvaise nouvelle", dit Mme Dorriman, sa nervosité se trahissant dans sa voix ; "mais il n'y a personne ici à qui je puisse m'adresser pour quoi que ce soit - et je veux vous demander votre avis sur quelque chose."

M. Macfarlane connaissait le monde, et il en savait aussi beaucoup plus sur la position de Mme Dorriman qu'elle-même. Mais c'était un homme qui avait pour règle de ne jamais se mêler des affaires de qui que ce soit, ayant suffisamment de siennes entre ses mains. Quiconque le regardait et connaissait les visages aurait vu immédiatement que la prudence prédominait sur toutes les autres impulsions. Son expression était absolument vide à l'instant, et Mme Dorriman, qui s'était instinctivement tournée vers lui en signe d'appel, rétrécit un peu, et il le vit.

« Je n'aime pas intervenir, » dit-il gravement ; "mais j'espère pouvoir voir quand je peux faire une gentillesse et le faire - en supposant toujours qu'en le faisant, je ne fais de mal à personne."

"Je veux votre avis", dit nerveusement Mme Dorriman. En demandant conseil, faisait-elle du mal à son frère ?

"Et sur quel sujet ?" M. Macfarlane a sorti sa montre, a compté les secondes avec son pouce et l'a remise dans sa poche. Poussée par cette évidence que le temps était précieux, la pauvre Mme Dorriman, sans aucune des explications qu'elle avait retournées dans son esprit comme nécessaires pour aborder le sujet, s'y précipita aussitôt. "Mon frère, M. Sandford, souhaite que je vive avec lui———"

"Vivre avec lui ?" M. Macfarlane était un peu surpris, mais il savait aussi que cela ne pouvait pas être tout. "Je suppose qu'il est désireux d'avoir un foyer plus grand qu'un célibataire n'en a en règle générale", dit-il après une pause.

"Il souhaite que j'abandonne Inchbrae."

"Abandonnez-le ! Vous n'avez pas l'intention de le vendre entièrement ?"

"Oui, il désire que je le vende", et la voix de Mme Dorriman montrait clairement ce que la vente signifiait pour elle et quel pincement cela lui donnerait.

M. Macfarlane était maintenant un peu perplexe. Bien qu'il connaisse une grande partie de son histoire, il ne savait pas du tout quelles étaient les relations entre frère et sœur, c'est-à-dire qu'il savait beaucoup de choses, mais pas *tout* , et il avait peur de faire un faux pas. l'ignorance, et mettant cette pauvre dame dans une situation pire qu'elle ne se trouve actuellement.

Il la regarda avec attente, puis il dit gentiment : « Alors tu as l'intention d'aller le voir… tu as l'intention de quitter Inchbrae ?

"Je dois le faire", dit-elle nerveusement.

"Et mon conseil n'est alors pas nécessaire, puisque vous avez pris votre décision."

Il y avait une lutte visible en elle. « J'ai bien peur de devoir partir, puisqu'il le souhaite, mais… dois-je vendre la maison, M. Macfarlane ?

"L'endroit est à vous, je ne le vendrais pas si j'étais vous."

« Mais il me commande, » dit-elle amèrement, « et… »

"Et vous ne savez pas quelles peuvent être les conséquences si vous refusez de le faire ?"

"Je—je ne sais rien", dit-elle, impuissante.

M. Macfarlane était désolé pour elle, il comprenait très bien ce qui lui pesait : elle avait peur de désobéir, elle se croyait trop entre les mains de M. Sandford, trop en son pouvoir. Avant qu'il ait eu le temps de parler, elle dit précipitamment : « Il vaudrait peut-être mieux ne pas en discuter, peut-être que je ferais mieux de le faire.

Mais ici, l'idée de ne plus avoir de maison où aller si elle était malheureuse – la douleur de se séparer du petit endroit qu'elle aimait tant, où son mari était mort, et de chaque arbuste et arbre dont elle avait vu planter, était trop forte. pour elle – et ses lèvres tremblantes et ses yeux pleins de larmes éveillèrent une véritable sympathie dans le cœur de M. Macfarlane.

"Qu'avez-vous en tête, Mme Dorriman ?" dit-il gentiment, et mettant de côté son air officiel, il se pencha en avant et lui parla, l'invitant à lui faire part de ses confidences.

Mme Dorriman est devenue rouge et pâle, elle était troublée et sa nervosité a augmenté.

« Je ne peux pas supporter de me séparer de cet endroit pour toujours », s'écria-t-elle, mais à voix basse, « si… » En vain le pauvre M. Macfarlane attendit, les mots ne viendraient pas avant un certain temps, puis d'une manière précipitée elle dit : "Pourrais-je vendre, étant entendu que je pourrais le racheter quand je le souhaite?"

"Oui, cela pourrait être fait si l'argent était entre vos mains. A-t-il été acheté en votre nom ou en celui de M. Sandford ?"

"Ah!" s'écria-t-elle, alors c'est sans espoir ! Son visage tomba et M. Macfarlane fut plus désolé pour elle que jamais.

Il était lui-même un peu perplexe et anxieux. Il ne savait pas jusqu'où elle pouvait garder les choses pour elle, et il devait réfléchir avant de pouvoir proposer la moindre suggestion ; il ne serait jamais approprié d'être impliqué dans une discussion et une correspondance animées avec M. Sandford. Puis un certain sentiment de honte l'envahit. Il détestait avoir des ennuis ; il détestait intervenir, mais c'était un homme honnête. Ce qu'il savait le justifiait à la guider, et il ne pouvait pas être assez méchant pour la laisser risquer de tout perdre alors qu'un mot pouvait l'aider. Il était prudent, mais sans entrer dans les détails, il pouvait la conseiller. Il savait que l'abandon de sa maison à la demande de M. Sandford était probablement dû au fait que M. Sandford avait de bonnes raisons de souhaiter qu'elle soit sous ses propres yeux, et il connaissait suffisamment les circonstances pour lui faire croire qu'elle ne perdrait rien en étant plus audacieuse. , et s'affirmer un peu.

"Madame Dorriman", dit-il d'une manière impressionnante, "je ne pense pas que vous trouverez de réponse, ni en vendant l'endroit, ni en formulant des conditions privées concernant une vente inconnue de votre frère. Mon conseil est simplement le suivant : refusez. de vendre et de louer l'endroit - un endroit si joli et si agréable se loue facilement - et faites remarquer à votre frère qu'après *votre expérience des placements,* vous pensez qu'il vaut mieux ne pas vendre, mais garder le loyer entre vos mains, ce qui vous permettra de le faire. vous rendre indépendant de son aide pendant votre séjour chez lui ; une dame veut des vêtements et... un peu d'argent pour elle-même.

Mme Dorriman rougit vivement. Maintenant, il comprenait exactement : le souvenir d'autrefois, quand, étant une jeune fille, elle avait été forcée de s'adresser à lui pour le moindre besoin et qu'elle était souvent restée sans choses plutôt que d'affronter les railleries et les paroles réticentes qu'il lui avait adressées, lui revenait. pour elle maintenant. Comment bien! Oh! comme M. Macfarlane a bien compris !

Puis cette pensée cachée surgit comme cela se produisait souvent lorsque la mémoire revenait à ces jours anciens, et un éclair presque de terreur, comme si elle avait laissé son secret lui échapper, brillait dans ses yeux et surprenait M. Macfarlane, qui l'observait attentivement.

"Vous êtes sûr que dans ce cas, désobéir à mon frère ne... ne fera pas de mal ?" dit-elle d'une voix hésitante.

"J'en suis certain", dit-il fermement, "et il vaut mieux agir tout à fait franchement. Je veux dire", dit-il en se corrigeant précipitamment en la voyant grimacer, "vous vous retrouveriez dans une position tout à fait fausse si vous avait nominalement accepté de faire ce que votre frère souhaitait et pourtant réservé un pouvoir qui neutralisait pratiquement la vente.

Elle baissa la tête. "Vous avez raison, M. Macfarlane, et pourtant..."

"Il est naturel que vous vous absteniez de faire quoi que ce soit qui puisse lui déplaire", dit-il, essayant de suivre ses pensées et s'imaginant qu'il l'avait fait.

— Ce n'est pas tout à fait cela, ce n'est pas seulement cela, murmura-t-elle à voix basse.

Elle avait volontairement laissé la lettre chez elle ; elle voulait qu'il l'aide, et pourtant elle ne voulait pas tout lui montrer, ni lui dire les termes grossiers que son frère avait employés. Comme beaucoup d'autres personnes, elle a complètement oublié qu'une demi-confiance est pire que rien.

M. Macfarlane était plus perplexe que jamais. Qu'y avait-il vraiment au fond de tout cela ? de quoi avait-elle peur ?

La femme pâle et légère devant lui, qui n'avait jamais connu la paix jusqu'à présent, avait manifestement un mode de raisonnement complexe qui dépassait totalement ses pouvoirs de divination.

Pauvre femme! elle voyait sa vie tranquille lui échapper au-delà de tout souvenir, et le problème qui se présentait à elle maintenant était de savoir comment elle pourrait faire savoir à M. Macfarlane qu'elle n'était pas tout à fait à la merci de son frère, qu'elle gardait quelque chose en réserve, sans lui permettre de deviner. qu'est-ce que c'était que ce quelque chose ?

L'impossibilité de le faire lui apparut tour à tour avec son opportunité, puis elle joignit sa pensée secrète à ses paroles franches et dit d'une voix ferme : « Je refuserai de vendre. M. Macfarlane fut extrêmement surpris, mais, imaginant qu'elle suivait simplement les conseils qu'il lui avait donnés, il fut également flatté. Demander conseil, c'était généralement se décider à l'avance et aller entendre les raisons pour et contre de l'avoir fait, alors qu'il était trop tard pour changer quoi que ce soit.

"Je suis sûr que tu as raison," dit-il en se réchauffant vers elle, "et tout ce que je peux faire——"

« Vous pourrez recevoir le loyer et me le faire parvenir, dit-elle, quand le logement sera loué. Il faut que j'aie le temps, dit-elle avec un petit tremblement dans la voix, de ranger et de ranger mes affaires. M. Macfarlane était amusé par sa simple croyance dans la production d'un locataire désirable à tout moment.

Il rit un peu. "Il faudra un peu de temps, Mme Dorriman, pour trouver exactement la personne que vous désirez ; quelques semaines en tout cas. Une mesure comme celle-ci ne peut pas être prise à la hâte ; vous-même aurez besoin de temps."

"Oui, si je peux l'obtenir", répondit-elle en exprimant sa pensée à voix haute.

« Venez déjeuner avec ma femme, dit-il gentiment ; "elle vous accueillera, je sais."

Mme Dorriman accepta la gentillesse offerte et le suivit dans la chambre confortable où Mme Macfarlane se trouva avec cinq enfants ; qui ont été présentés et renvoyés en un souffle.

Mme Macfarlane était l'une de ces femmes agréables, joyeuses et gentilles qui voient le plus le bon côté de la vie. Elle avait été une fille chérie, une épouse idolâtrée et une mère adorée. Son mari lui portait toutes ses perplexités et tous ses ennuis, et ainsi les allégeait. Elle avait une façon vive et astucieuse de voir les choses, et était tellement absorbée par son mari et ses enfants qu'elle n'avait pas de temps pour les amitiés extérieures. Son principal défaut (puisque l'imperfection sous certaines formes n'est qu'humaine) était son intolérance aux malheurs imaginaires et son manque de réalité sous toutes ses formes.

Elle pensait que la vie était rendue inutilement difficile, non pas à cause des circonstances réelles, mais à cause de la façon dont ces circonstances étaient gérées.

Elle ne voyait aucune difficulté, là où existaient la santé et la force, dans le renoncement de ceux qui étaient aimés. Elle n'avait absolument aucune sympathie pour les personnes qui souffraient cruellement de ce qu'elles considéraient à tort comme une perte de dignité. Elle avait sept enfants, un revenu très modeste et deux domestiques. Si ces domestiques étaient occupés, absents ou au travail, elle ouvrait sa propre porte d'entrée et n'y voyait aucun mal ; tout comme le dimanche, elle prenait le lait lorsque ses serviteurs étaient à l'église. Dire qu'elle y était parvenue sans difficulté serait faux, car tous ses voisins la trouvaient terriblement dépourvue de ce haut niveau de noblesse qui était le leur.

Mais aucune femme n'est cohérente sans avoir un certain pouvoir et une certaine influence parmi ses semblables. Elle avait une santé éclatante, et son sens de la répartie était si connu que personne ne se souciait de répondre, son absence de mauvaise santé lui donnant une maîtrise de caractère qui la plaçait toujours dans une position avantageuse.

Elle était extrêmement désolée pour Mme Dorriman : être seule comme elle l'était, devoir affronter le monde sans aucune colonne vertébrale (c'était sa façon de le dire) était pour elle comme s'attendre à ce qu'un poisson nage sans ses nageoires.

Rien de plus gracieux, de plus aimable, ne peut être conçu que ses manières envers la pauvre dame qui en avait tant besoin, et un léger effet de son influence était assez amusant. Au lieu de quitter la banque et d'aller chercher la calèche, Mme Dorriman fit hardiment venir la chercher là-haut.

CHAPITRE II.

Mme Dorriman rentra chez elle en voiture, bien enveloppée et avec une émotion qu'il aurait été difficile d'analyser. Pour celui qui est généralement dans un état d'esprit indécis, le simple fait d'avoir pris une décision est un sentiment de confort : en outre, il y avait eu de l'amitié et de la gentillesse juste au moment où la pauvre femme avait cruellement besoin. les deux — et, bien que directement opposés aux idées poétiques, on peut ici sûrement avouer que l'excellente nourriture — délicatement servie devant elle et offerte avec cette véritable hospitalité qui n'est nulle part plus réelle qu'en Écosse et qui était remarquable chez Mme Macfarlane — avait sa part.

Alors le soutien qu'une personne joyeuse, honnête et directe (surtout les petits préjugés et voyant les faits démêlés de toutes complications) est capable de donner, a eu une influence des plus bénéfiques. Le personnage de Mme Dorriman avait souffert au cours d'une longue et fatigante lutte contre la petite tyrannie - tout comme un jeune arbre tendre peut vivre et grandir exposé à des vents défavorables et cruels, mais il sera courbé, tordu et noueux, et finira par devenir rabougri et fixé. dans une direction, preuve existante de la sévérité à laquelle il fut exposé lorsqu'il était trop jeune pour lui résister.

Enfant, sans mère et avec un père invalide, elle n'avait pas été la bienvenue ; le demi-frère, qui était de tant d'années son aîné, avait toujours et durement affirmé son autorité. On lui avait appris quelque chose, de manière étrange, à mesure que des représentations extérieures avaient été faites, et elle avait appris des leçons qui n'étaient pas destinées à lui être enseignées. De nature peu forte, elle était timide et nerveuse, reculant devant tout le monde, s'attendant à la brutalité, réprimée et se réfugiant dans la forme paralysée de son père comme le seul endroit où elle ne pouvait entendre aucun reproche. Elle n'osait se faire d'amis, et elle ne faisait pas de distinction entre ceux qu'elle aurait pu se faire et ceux qu'il valait mieux ne pas se faire. Aucune servante ne resta assez longtemps pour se lier d'amitié avec l'enfant, et son premier souvenir fut le départ de sa nourrice, qui, une fois, ayant acheté certaines friandises pour elle, et ayant été accueillie par John Sandford, avait été renvoyée sur-le-champ, comme un voleur. Mme Dorriman se rappelait encore à quel point elle avait frissonné dans la chambre froide cette nuit-là et à quel point elle avait essayé, impuissante, de se déshabiller ; et comment, alors que tout était calme, une bonne laitière et rude lui avait apporté un bol de lait et un morceau de pain — et comme tout était misérable depuis lors, quand ce n'était l'affaire de personne de s'occuper d'elle, et comment elle avait été redevable à l'un ou l'autre serviteur (comme ils avaient essayé) de faire n'importe quoi pour elle. Puis une école difficile, où personne ne semblait se soucier d'elle et où elle était perpétuellement en disgrâce pour ne pas connaître des leçons qu'elle ne savait même pas lire ; la découverte de son ignorance épouvantable et la mortification d'avoir, lorsqu'elle avait neuf ans, à se tenir aux côtés de petits de cinq ans et à apprendre comme eux ; les maigres provisions envoyées pour ses vêtements, dont elle se souvenait très bien des pièces – une nature plus dure se serait aigri toute sa vie. Mme Dorriman a grandi avec tout son esprit écrasé, mais elle n'était pas endurcie. Elle n'avait pas de vacances ; elle y resta année après année jusqu'à l'âge de dix-sept ans. Puis une lueur de joie apparut dans sa vie, car elle fut soudainement rappelée à la maison – à la demande de son père – et elle arriva et découvrit qu'il avait fait un rassemblement et que John Sandford n'était pas là.

Son père pouvait à peine parler, même de manière inarticulée. Elle se souvenait encore de son contact émerveillé sur sa robe miteuse, et comment, presque comme dans un conte de fées, elle s'était soudainement retrouvée en possession de beaucoup de choses qu'elle n'avait jamais rêvé d'avoir.

Son seul bonheur semblait être de la voir et de l'avoir près de lui. Quelques mois se passèrent ainsi, très peu. Elle était arrivée mal vêtue et souffrant du froid intense et du vent glacial à la fin de l'automne ; alors que les perce-neige étaient encore en fleurs et que les premiers arbres étaient encore en boutons, il mourut subitement ; lui donnant, juste avant sa mort, un petit coffret dans lequel elle voyait une plus belle image d'elle-même : sa mère.

Elle l'avait aimé de tout l'amour qui n'avait jamais eu d'exutoire auparavant. Les jours qui suivirent furent comme un rêve douloureux. Ce qu'elle avait, quelle était sa position, de tout cela, elle ne savait absolument rien. La seule chose à laquelle elle s'accrochait était la vieille maison grise, avec ses grands hêtres, ses platanes et ses sapins argentés, sur lesquels les écureuils (bien qu'ils soient des diablotins) couraient si gracieusement. La mer, l'amie de tous, donnant société et musique aux désolés et réjouissant le cœur de ceux qui sont assez légers pour profiter de ses humeurs étincelantes, cette mer était désormais son amie. Se promener dans le bois et le contempler de haut ; laisser les embruns salés lui toucher le visage en se brisant sur les rochers. — Elle l'aimait dans toutes ses humeurs, et y trouvait quelque chose du réconfort que l'absence de toute religion intime la privait, l'apprentissage simple de quelques vers, la des chapitres lus le matin d'un ton sourd par un professeur frissonnant dans la salle de classe sans feu ; où, par économie, on ne permettait même pas d'allumer une allumette au feu (généralement allumé avec des bâtons humides, et qui ne faisait presque jamais autre chose que de la fumée) avant que les filles n'y fussent toutes rassemblées.

Telle avait été son instruction religieuse ; et comme l'église était très éloignée d'eux, ils y allaient rarement, et quand ils y allaient, la promenade était trop longue pour elle, et très pénible à cause des engelures, qui lui faisaient beaucoup souffrir ; de sorte que le froid et la douleur étaient les principales impressions liées à un sentiment de fatigue qui la laissait à moitié éveillée à l'église et employait toute son énergie à essayer de cacher le fait de sa somnolence.

Puis un jour, alors qu'elle regardait la mer, quelques mois après la mort de son père, son chapeau baissé et le vague sentiment de souhaiter avoir quelque chose à espérer, la pressant, M. Dorriman était venu, et son frère .

Au lieu du ton ricanant habituel avec lequel John Sandford s'adressait à sa sœur, elle fut surprise en l'entendant parler avec courtoisie. La surprise lui donna un éclat brillant, qui toucha son visage de couleur et l'éclaira. M. Dorriman la trouvait adorable. Sa douce impuissance était une autre grande attraction, une attirance que la connaissance de chaque jour augmentait. Sans vraiment comprendre comment tout cela s'était produit, elle se retrouva Mme Dorriman, contente de l'être et de s'éloigner de la rudesse et de la méchanceté qui étaient tout ce qu'elle avait jamais connu du lien fraternel. Au début, elle n'avait pas été malheureuse. M. Dorriman l'aimait tellement et l'entourait si soigneusement de réconfort et de gentillesse qu'elle était plus que satisfaite, même si elle n'était pas du tout amoureuse de lui. Mais bientôt les ombres sont arrivées. Homme possédant quelques biens, il était malheureusement entouré d'hommes riches. Il affirmait que là où ceux qui l'entouraient gagnaient des fortunes gigantesques, il pouvait faire de même — en mettant de côté le fait important qu'ils avaient été formés aux affaires et lui non. Il s'enfonça dans toutes les ouvertures où il croyait voir une chance de succès ; les pertes ne faisaient que le rendre plus sûr de réussir dans une nouvelle direction. Il était droit, honorable et bon à l'excès. Il ne connaissait vraiment rien aux affaires et imaginait qu'en quelques jours il pourrait maîtriser des détails que d'autres hommes avaient passé toute leur vie à étudier - et dans cette idée John Sandford le confirmait. Après sept années d'inquiétudes, d'espoirs et de craintes, il se retrouva ruiné de santé à cause d'inquiétudes excessives, brisé de fortune et incapable de protéger sa femme des conséquences. Qu'elle ne l'avait jamais aimé, il le savait et le savait depuis longtemps. Mais il avait appris d'elle quelque chose de sa vie et de l'absence de bonheur qui avait fait d'elle ce qu'elle était. Il a également eu de nombreux scores contre John Sandford s'il vivait pour les payer. Il y avait beaucoup de choses dans les transactions entre eux qu'il ne pouvait pas comprendre et qui, en regardant maintenant à la lumière de ses échecs, indépendamment de ses propres spéculations, il était certain, il avait des raisons de savoir, n'avaient pas été justes ou justes. . Mais cette conviction lui vint trop tard ; avant d'avoir fait plus que rassembler des notes et compiler des lettres, il fut frappé par une fièvre que sa constitution ne pouvait supporter, et Mme Dorriman se retrouva à vingt-cinq ans, veuve, à la merci du monde et de son frère.

Ce petit endroit d'Inchbrae avait été acheté par son mari pour elle lorsqu'il avait découvert à quel point la mer entrait dans ses pensées et combien elle l'aimait, et il y était allé pour mourir, lui laissant, pensait-il, une maison, et une maison qu'elle aimé.

Cependant, Mme Dorriman, après avoir pensé que tout n'était pas perdu, qu'elle l'avait donc, n'apprit que plus tard qu'elle était là comme locataire à volonté ; l'endroit était à elle, mais tout le reste était passé entre les mains de son frère en vertu de quelque droit qu'il avait sur la propriété de son mari, et elle n'avait pas un sou !

Le dernier coup acheva de se sentir impuissant et indigné contre l'incapacité de son mari à faire des affaires. L'épreuve de l'amour d'une femme, comme nous l'avons dit, c'est l'adversité, et la pauvre Mme Dorriman n'a jamais eu d'amour au départ. Elle possédait son âme dans la patience devant le monde, mais seulement devant le monde ; en secret, c'était une longue et incessante protestation contre son sort. Elle sentait au plus profond de son cœur, même si elle ne le disait pas si clairement, qu'elle n'avait pas reçu sa part du marché. Elle s'était mariée pour échapper au pouvoir de son frère, et elle avait été une épouse dévouée, sinon affectueuse, et maintenant elle était plus que jamais entre les mains de son frère ! Plus encore parce qu'elle était une femme fière, et que son frère lui faisait clairement comprendre que beaucoup de choses douloureuses quant aux transactions de son mari pouvaient être évoquées par lui s'il le voulait.

C'est justement à ce moment-là, juste au moment où un sentiment impuissant de perte l'envahissait partout et la rendait très misérable, et qu'elle rassemblait tout pour partir, que Mme Dorriman tomba sur toute une boîte de papiers, des lettres toutes marqués et classés dans l'ordre, les reçus et autres choses.

La grande idée du pauvre M. Dorriman était de conserver et de noter chaque ligne qu'il recevait, ainsi que des copies de tout ce qu'il écrivait.

Sa veuve regardait ces documents avec un peu du pincement avec lequel on voit les reliques d'une main disparue. En effet, depuis la mort de son mari, la faible affection qu'elle lui portait avait changé. Elle s'indignait en pensant à son incapacité professionnelle, mais sa gentillesse lui manquait et elle le regrettait chaque jour davantage, chaque jour lui apprenant à quel point il tenait à elle.

Doit-elle ou non brûler ces papiers ? Si timide qu'elle fût par constitution, elle regarda autour d'elle, et à ce moment elle aperçut son frère qui arrivait à la maison. Craignant qu'il ne se moque de sa sentimentalité ou ne dise quelque chose qui la vexerait parce qu'elle les regardait, elle poussa précipitamment la boîte sous le canapé et s'assit, ne voulant rien cacher, mais simplement à cause de cette seule idée, que, s'il la voyait avec les vieilles lettres devant elle, il pourrait la blesser d'une manière ou d'une autre.

La visite de son frère lui apprit pour la première fois que dans cette boîte pouvaient se trouver des documents importants pour son mari et pour elle.

Après s'être assis un moment ou deux, il se leva et se déplaça avec agitation, puis il dit :

"Je dois trouver des papiers ; où votre mari gardait-il ses papiers ?" Sans attendre de réponse, il dit : « Oh, je sais, dans les tiroirs de son bureau . Et, sans attendre qu'elle parle, il entra dans la chambre de son mari, et elle l'entendit fermer la porte à clé.

Mme Dorriman se leva et, remplissant le bas de sa robe de quelques papiers, elle fit des voyages silencieux et successifs jusqu'à sa propre chambre, où elle cacha tout, jetant à la hâte quelques écheveaux de laine dans la boîte vide, et de nouveau s'assit. vers le bas. Elle ne savait rien, mais il devait y avoir une raison à l'inquiétude de son frère, et elle avait tellement souffert de sa part que tout son instinct était en état de légitime défense.

Mais une femme timide n'agit pas ainsi pour la première fois de sa vie sans trahir quelque chose de l'agitation dans laquelle cela l'avait jetée.

Lorsque M. Sandford, les yeux furieux et déconcertés, revint vers elle, il vit quelque chose sur son visage qui éveilla ses soupçons. Exprimer ses soupçons aurait peut-être éveillé les siens, mais à partir de ce moment, le rêve de la pauvre femme d'une vie paisible à Inchbrae, sans personne à craindre, était un rêve qui n'avait aucun fondement. Il partit un jour ou deux après, et elle se laissa bercer par une croyance de contentement. Dès que les plans de M. Sandford furent faits, même s'il lui fallut des semaines et des mois pour les mettre en place, il la convoqua chez lui. Certain dans son esprit qu'elle avait caché ces papiers, il résolut d'avoir sur elle une telle emprise qu'il lui donnerait le pouvoir de les mettre entre ses mains, s'ils étaient là.

Entre-temps, les fruits de ses visites chez les Macfarlane figuraient dans la lettre qu'elle envoya le lendemain à M. Sandford.

> " CHER FRÈRE ", écrit-elle,
>
> "Je suis tout à fait disposé à aller garder la maison pour vous pendant un certain temps, mais je louerai ma maison et préférerai ne pas la vendre ; j'aime l'endroit et je ne souhaite pas m'en séparer.
>
> "Quand j'aurai pris mes dispositions, ma femme de chambre et moi irons chez vous. Je vous écrirai de nouveau quand je connaîtrai le jour et l'heure où je pourrai partir.

"Votre affectueux

" Sœur Susan . "

Elle se sentait plus heureuse lorsqu'elle avait ainsi affirmé avec audace sa liberté de choix.

Deux jours allaient et venaient, deux belles journées d'automne, pendant lesquelles la pauvre Mme Dorriman, au lieu de se préparer à partir, errait dans la petite maison dont chaque coin et recoin lui était toujours doux et lui était doublement cher. maintenant elle s'en allait. Tard dans l'après-midi du troisième jour, elle descendait le côté brûlé, s'arrêtant sans cesse pour regarder avec une admiration renouvelée le paysage qui l'entourait, et regardant la pourpre fleurir sur les collines lointaines alors que les ombres du soir descendaient, une pourpre. teinte qui se reflétait dans la mer, sauf là où une flamme dorée dans le ciel brillait avec des lumières plus brisées en dessous ; le soleil était bas derrière les collines, et de gros nuages annonçant la pluie à venir s'abaissaient, contrastant joliment avec la lumière vive qui s'étendait entre eux et les collines. Les oiseaux marins étaient agités et agités ; du large, à sa gauche, venait ce murmure rauque et étrange, qui se précipitait comme un destin implacable au sein de la mer. La lumière pâlissait, diminuait à mesure que les nuages descendaient, le vent devenait plus violent, et tout annonçait une tempête imminente.

Mme Dorriman vit les nuages de pluie éclater et couler au loin ; elle ne pouvait pas bouger, cette curieuse préfiguration du mal à venir qu'on appelle pressentiment la faisait s'accrocher à cet endroit. Elle s'entendait appeler, elle ne se retournerait pas, elle savait que si elle se retournait, elle entendrait d'autant plus tôt ce qu'elle ne voulait pas entendre. Alors sa fidèle servante, la créature qui tenait à elle plus que quiconque, s'approcha d'elle et la toucha.

"Le garçon attend", dit-elle, essoufflée par la vitesse qu'elle avait utilisée. "Voici un télégramme, et oh, ma chère, il y a neuf shillings entiers à payer. Ce n'est pas une erreur, c'est marqué dessus. J'espère que cela vaudra tout cet argent."

Mme Dorriman serra le télégramme dans sa main et remonta rapidement le chemin jusqu'à sa propre chambre.

Avant qu'elle n'entre dans la pluie, la pluie leur était tombée dessus, et elle tombait avec une violence que le vent semblait augmenter en la frappant contre les fenêtres. Alors que son pied était sur l'escalier, la nature aimable de Mme Dorriman lui fit dire :

"Sois gentil avec ce garçon, Jean, il ne peut pas affronter la tempête pendant un moment."

Jean, qui était une de ces chères vieilles femmes dont le plaisir est de subvenir aux besoins de quelqu'un, et qui n'était jamais plus heureuse que lorsqu'on en avait l'occasion, entra heureuse dans la cuisine, et fut bientôt occupée à faire chauffer « un bon souper de bouillon pour lui », et d'autres choses encore, lorsqu'elle entendit un cri.

Posant le bouillon devant lui et fermant soigneusement toutes les portes, pour que lui, étranger, n'entende rien, Jean monta précipitamment. Mme Dorriman était assise sur le canapé et avait l'air blanche et misérable. Le télégramme ouvert gisait par terre. Elle l'avait jeté comme on jette quelque chose qui nous fait mal, et quand Jean entra, elle lui saisit le bras et le montra.

Jean le souleva et lut ce qui suit :

" J'ai vendu la maison, et vous devez être ici à six heures samedi prochain, sans faute. Le nouveau propriétaire sera là ce jour-là. Aucune femme de chambre ou autre domestique ne peut venir ici. "

Jean a lu et relu, elle n'a pas tout compris au début. Alors une indignation et toute une tempête de juste colère montèrent en elle.

Elle passa ses bras autour de la pauvre Mme Dorriman, et ils mêlèrent leurs larmes.

* * *

Quelques mots répondirent au télégramme de M. Sandford :

"Je viendrai, comme je dois venir, samedi."

Ce message n'est pas passé pendant plusieurs heures. Le garçon n'était pas très pressé de quitter les quartiers confortables dans lesquels il se trouvait et rentra trop tard pour que le message parte ce soir-là.

M. Sandford, conscient que sa sœur ne se serait pas affirmée d'une manière si inhabituelle si elle n'avait pas puisé de l'esprit et de la force d'une source inconnue, avait passé une nuit blanche et agitée après avoir reçu sa lettre.

Dans ses relations avec M. Dorriman, il y avait tellement de choses qui pouvaient lui être reprochées. Il était un homme trop prudent et trop intelligent pour mettre lui-même sur papier une parole qui pouvait à tout moment lui monter contre lui. Mais il connaissait les manières de M. Dorriman ; il savait que la seule habitude professionnelle qu'il avait était sa façon ordonnée et soignée de classer et de classer tous ses papiers. Combien de fois le pauvre homme n'avait-il pas montré ces feuillets soigneusement pliés et paraphés, comme une preuve de combien la nature l'avait destiné à un homme d'affaires minutieux ?

Même si M. Sandford, avec son langage fluide et sa grande puissance de parole, pouvait toujours le réfuter dans une dispute, combien de fois lui-même ne s'était-il pas senti mal à l'aise lorsqu'un papier qu'il avait entièrement oublié réapparaissait en un instant, avec sa lettre initiale. et une note, montrant à quoi elle faisait référence, écrite dans un style clair et fin à l'extérieur.

Il avait trouvé dans les tiroirs du bureau un livre, et un seul de quelque importance. Ce livre était une liste soigneusement établie des documents que M. Darriman considérait comme précieux ou de quelque importance. Il a été écrit de cette main curieusement soignée et précise que l'on trouve généralement chez ceux qui n'ont rien à faire et qui le font méthodiquement.

Toute la conception des affaires de M. Dorriman résidait dans cette manière ordonnée de tenir les papiers ; ses pertes et ses gains n'étaient pour lui que flou. Il espérait obtenir quelque chose en prenant des actions dans l'une ou l'autre société, et il croyait implicitement à quoi que ce soit à ce moment-là ; non seulement il était enthousiaste, mais il fatiguait ses amis par la manière dont, à des moments inappropriés, il introduisait le passe-temps du moment, qui était de faire sa propre fortune si complètement que son bon cœur voulait que tous ses amis deviennent riches de la même manière. .

La cause immédiate de son échec était une fabrique de tapis. Inutile de dire qu'il ne différenciait pas un tapis d'un autre, mais il lui suffisait que les autres le sachent. La laine était partout autour de lui sur les collines, et les mêmes teintures primitives de nos ancêtres existaient encore sur chaque muir.

Le plaid Cluny Macpherson est le premier et le plus primitif de tous les tartans, n'ayant que les couleurs naturelles de la laine, la fleur et la racine de bruyère dans sa fabrication.

M. Dorriman avait pour ambition de produire des tapis sur le même principe, où seuls le noir et le blanc, le violet et le jaune seraient combinés.

Sa première dépense fut, bien entendu, la machinerie ; ses deuxièmes entrepôts ; sa troisième était d'expérimenter comment extraire la pourpre des collines d'une manière satisfaisante et à peu de frais. Puis il lui est venu à l'esprit que faire pousser la laine lui-même serait une idée tellement géniale ! et des quantités de moutons furent achetées - sans beaucoup de référence à leur garde - et sa première expérience à leur sujet fut que, n'ayant pas suffisamment de navets, ils assiégèrent naturellement ceux de leurs voisins, et si efficacement, que de lourds dégâts furent causés. devait être rencontré. Ensuite, il n'avait pas pris en considération le fait qu'il n'y avait pas de chemin de fer à proximité de chez lui et il avait dû se procurer des chariots pour transporter le carburant nécessaire à l'alimentation de ses moteurs.

Ici, on parle de lui au singulier, mais cinq personnes se sont jointes à lui dans cette entreprise. Il y avait des tapis fabriqués selon le principe de couleurs primitives, sans motif particulier ; ils étaient faits de la meilleure laine et seraient probablement portés longtemps, mais leur laideur était leur trait le plus saillant ; leur production coûtait une somme d'argent énorme, et le résultat d'une existence difficile pendant trois années fut de tapisser sa propre maison, bien contre les inclinations de sa femme, de fournir certains tapis aux autres membres, d'en vendre quelques-uns à perte. et s'effondrer. M. Dorriman ne faisait pas partie de ces hommes qui, parce qu'ils sont extrêmement optimistes à un moment donné, sont proportionnellement déprimés à un autre. Il supportait les déceptions avec une bonne humeur sans faille et s'intéressait si immédiatement à un nouveau projet que le sentiment de l'échec ne restait jamais longtemps sur lui. Dans ce cas, cependant, que ce soit à cause d'un problème de santé ou d'une cause non évidente, il a été gravement affecté. Même s'il ne le savait pas, il était le seul des six investisseurs à posséder des biens immobiliers, et la conséquence fut que toute la perte tomba sur ses malheureuses épaules.

Ses pensées se tournèrent vers Inchbrae, la petite propriété de sa femme. Il y est allé et là il est mort ; et ce fut alors seulement, comme je l'ai dit plus haut, qu'une lueur de reproche contre son incompréhension toucha sa femme, et elle l'avait tendrement embrassé.

Ce qui troublait la paix de M. Sandford dans son livre n'était pas un document écrit, c'était ce qui était laissé en blanc. Après avoir détaillé divers articles, voici ce qui arriva : -

LETTRES DE JOHN SANDFORD.

1. À propos des clôtures brisées à Ardenthird.

2. " Vente de perches de mélèze.

3. " conseils au sujet de la laine.

4. Documents et mémorandums de sa conversation sur l'argent de ma femme.

5. Mémorandums rédigés textuellement sur le même sujet.

6. Copies certifiées conformes, textuellement, sur le même sujet.

7. Copies certifiées conformes, textuellement, sur le même sujet.

8. Conversation transcrite mot à mot.

9. Je n'ai pas réussi à voir le testament de mon beau-père.

10. Copie de papier... vieux M. Sandford.

À quoi faisaient référence tous ces derniers mémorandums ? Il n'avait pas vu le testament. De quel papier avait-il une copie, et pourquoi avait-il fait copier ce papier, et qui l'avait copié pour lui ? Ce livre que John Sandford emportait avec lui lui causait l'angoisse la plus intense et la plus interminable. Sa propre conscience parlait de mille choses, de mille transactions entre elles, qui ne devaient pas voir le jour. Le flou même de tout cela était pour lui un ennui supplémentaire.

Tout au long du jour, cette gêne le pressait, mais pendant la nuit, ces ombres devenaient de véritables peurs. Il s'est tourmenté en vain. Sixième et septième tous vides. Ces paroles non écrites pourraient être d'une terrible importance pour lui, car, comme tous les hommes ont leur ambition dans un coin ou dans un autre, John Sandford avait la sienne : être admiré et respecté. Il était riche, mais il se souvenait suffisamment du passé pour savoir que la simple richesse n'apportait qu'un respect extérieur, et que ce caractère était le véritable pouvoir là-bas, dans ce pays où il aspirait au pouvoir. Car le pouvoir était ce qu'il aimait vraiment ; il aimait sentir que sa volonté faisait loi, et jusqu'au mariage de sa pauvre demi-sœur, il lui avait fait ressentir cela, comme il essayait de le faire ressentir à tout le monde. Lorsqu'il reçut sa réponse, il fut absolument affolé ; la moindre opposition à sa volonté le rendait d'autant plus résolu à la faire respecter, et il comprit immédiatement que, d'une manière qu'il ignorait, elle avait rassemblé des forces. Il y avait une affirmation d'elle-même dans sa réponse à la fois nouvelle et inattendue. Il était d'autant plus déterminé qu'elle devait venir sous son toit. Il y avait une autre raison, même s'il n'y pensait que lorsque l'opportunité qu'elle soit sous sa propre surveillance immédiate lui était devenue si évidente.

M. Sandford s'était marié lorsqu'il était en Inde, mais comme sa femme était décédée dans l'année et que personne ne l'avait jamais vue en Écosse, ce fait était souvent entièrement oublié.

On ne peut pas dire ce qu'aurait finalement pu dire son mariage, mais cela avait été la seule influence adoucissante dans sa vie, et le seul véritable chagrin avait été la perte de sa femme. Elle avait une sœur jumelle qui mourut avant elle, laissant deux petites filles, et la seule demande qu'elle eut le temps de lui faire était qu'il se lie toujours d'amitié avec ces enfants pour elle ; elle lui a fait promettre cela. Sous l'influence adoucissante du moment, il avait écrit à leurs parents pour leur faire part de sa promesse et les assurer de son intention de tenir parole s'il était appelé à le faire.

Ce faisant, et ayant reçu des lettres exprimant leur gratitude, il les oublia aussi complètement que si de tels enfants n'existaient pas.

Quatre ans avant le moment où Mme Dorriman était assise en larmes à Inchbrae, dans les bras de son fidèle Jean, M. Sandford reçut une lettre dont le message était que les petites filles étaient maintenant orphelines et que leur situation n'était pas aussi bonne qu'elle pourrait l'être. être, et en conséquence de sa promesse (vide copie de la lettre ci-jointe), la vieille dame qui les avait soignés lui écrivit pour obtenir assistance et conseils.

Et il leur a donné les deux et les a aidées à l'école, et maintenant que ces filles avaient respectivement 18 et 16 ans, on lui a demandé une fois de plus de quelle manière il avait l'intention de se lier d'amitié avec elles, et si elles pouvaient encore compter sur lui pour obtenir des conseils et de l'aide ?

CHAPITRE III.

M. Sandford, après avoir organisé par l'intermédiaire de son banquier les petits paiements annuels requis pour les deux enfants, Grace et Margaret Rivers, n'y avait jamais beaucoup réfléchi depuis. Leur propre argent lui avait permis de faire des paiements de petite taille, même si quelque chose avait été nécessaire, et le paiement de ce quelque chose était aussi nécessaire à sa perception de ce que signifiait sa promesse envers sa femme qu'au confort et au bien-être des enfants eux-mêmes. . Ayant accompli ce qu'il concevait comme son devoir, son esprit était à l'aise ; il avait tenu sa promesse et cela ne l'avait pas gêné. C'était essentiellement un homme qui pensait que toutes les obligations pouvaient être effacées par l'argent, d'une manière ou d'une autre. Lorsqu'il allait à l'église, ce qu'il faisait uniquement parce que c'était la bonne chose à faire, il donnait largement, comprenant toute l'étendue de la charité qu'on attendait de lui dans ce seul don. Il donnait toujours la même somme, et sentait alors qu'il avait fait son devoir, mais il ne comprenait jamais pourquoi on parlait parfois du « bonheur de donner » et d'« un éclat de satisfaction ». Il ne sentait aucune lueur, et, n'étant pas par nature un homme généreux, il pensa donner une chose désagréable ; cela eût été plus désagréable s'il avait eu moins à donner ; même si c'était le cas, il lui en voulait et le considérait comme une partie très ennuyeuse de sa position.

Lorsqu'il reçut la lettre lui demandant ses souhaits futurs concernant les filles, il fut très ennuyé. Il n'allait pas bien, ayant pris froid, et comme c'était un homme qui ne montrait jamais la moindre considération pour ses domestiques, il n'avait pas de vieux domestiques. Il n'y avait personne dans sa maison qui s'intéressait à lui ; il était leur payeur et leur maître d'œuvre, rien de plus. Son rhume est devenu fiévreux et il était vraiment malade, tellement malade qu'il ressentait pour la première fois sa solitude. Lorsqu'il sonnait, on répondait promptement à sa cloche, et la bagatelle qu'il désirait, plus parce qu'il cherchait une excuse pour avoir quelqu'un près de lui, même pour un instant, que pour un besoin réel, qu'on lui donnait ; il gisait seul et ressentait terriblement sa solitude. La peur indéfinie concernant sa demi-sœur, les craintes obscures de ce que ces blancs dans la liste pourraient signifier, venaient le tourmenter. Il y a un vieux dicton pathétique selon lequel les actes de bonté sont les lampes les plus brillantes autour du lit de mort d'un homme, mais il n'avait pas de telles lampes ; il avait vécu pour lui-même ; il ne se souvenait de rien, d'aucun mot de gratitude, car il n'en avait pas mérité : pire que cela, il n'avait pas toujours été juste dans ses relations. Puis cette lettre est arrivée et voici une nouvelle complication.

Le lendemain, il était pire que jamais ; Toute la nuit, ses craintes avaient été exagérées et l'avaient tenu éveillé, et le matin, on faisait venir le médecin : pour la première fois, il en avait besoin. Lorsqu'il arriva, il fut frappé par l'aspect désolé et inconfortable de l'environnement de l'homme riche ; ses domestiques avaient trop peur de lui pour passer un moment inutile en sa compagnie ; le contraste entre les services payés et les services rendus par amour et affection était saisissant pour un homme qui voyait les pauvres pendant leurs heures de maladie, et qui voyait la tendresse de cœur et les soins parmi eux, aussi grossièrement qu'ils puissent être montrés. Il connaissait peu l'homme qui l'avait précédé, sinon qu'il avait été un homme dur envers son beau-frère et envers la demi-sœur qu'il avait vu si souvent autrefois aux côtés de son père ; mais il était plein de compassion pour lui et pour son manque de soins et de bonté féminine.

"Vous devriez avoir une certaine féminité autour de vous", a-t-il déclaré. "Vous n'êtes pas si malade ; vous vous en sortirez bien ; mais vous pourriez être à nouveau malade et vous aurez besoin de soins et de gentillesse. Quel dommage que vous n'ayez pas de famille ! Beaucoup d'hommes se marieraient s'ils pouvaient regarder en avant et se voir. laissé à la merci des domestiques et des étrangers lorsqu'il est malade.

"J'ai perdu ma femme", a déclaré brusquement John Sandford.

"Je suis désolé", a déclaré le docteur Bayne. " J'avais oublié cela ; je me souviens maintenant d'en avoir entendu parler. Eh bien, on n'y peut rien, mais cela fait une grande différence d'avoir des jeunes autour de soi ; les jeunes rendent un jeune à nouveau. "

Il resta quelque temps par pure bonté, et M. Sandford lui fut tout sauf reconnaissant ; il voulait réfléchir par lui-même à la pensée que ses paroles lui avaient donnée. Cependant il lui demanda de venir le lendemain ; sa visite était quelque chose à espérer.

Lorsqu'il quitta M. Sandford, il réfléchissait tranquillement.

"Les jeunes rajeunissent."

C'était peut-être vrai ; il n'était pas vieux ; il était fort et n'avait jamais été malade. C'était un homme robuste de moins de soixante ans, et pourtant le médecin parlait comme si maintenant il devait s'attendre à la maladie, puis après la maladie venait la fin, oui, la fin !

Les ombres du soir se glissaient lentement sur tout ; Toutes les heures depuis que le médecin l'avait quitté, John Sandford restait tranquille, pensant, pensant à tout ce qui était passé et passé, à tout ce qui pourrait aller et venir.

Enfin il s'endormit, et dans son sommeil, provoqué par la boisson apaisante qu'on lui donnait, il rêva de choses étranges ; quelqu'un, sa sœur, semblait le poursuivre avec quelque chose qui menaçait toujours de l'accabler, et deux filles ne cessaient de le repousser. Il voyait leurs mains tendues, et il avait une sorte de conscience qu'avec elles là, elle ne pourrait pas lui faire de mal. Le rêve était si vif que lorsqu'il se réveilla, il regarda autour de lui, s'attendant à voir encore la silhouette qui le poursuivait. Il poussa un profond soupir, la réalité avait été trop terrible pour lui.

La lumière du matin luttait contre les ombres de la nuit ; il était encore très tôt, si tôt que personne n'était debout, à l'exception d'une jeune fille endormie qui était chargée d'allumer le feu de la cuisine et qui fut si effrayée par le son de sa cloche qu'elle laissa ses bâtons brûler sans charbon. tandis qu'elle allait regarder le battant de la cloche comme si là elle pouvait découvrir la raison de son mouvement précoce. Tandis qu'elle regardait, la sonnerie retentit de nouveau : le maître devait être malade. Que devait-elle faire ? Réveiller la cuisinière et risquer une furieuse réprimande de sa part, ou aller voir ce qu'il voulait ? Alors qu'elle hésitait, le téléphone sonna une troisième fois, et dans sa confusion, elle fit les deux, elle se précipita dans la chambre de la cuisinière et lui dit que la cloche sonnait comme un fou et que M. Sandford était malade, et elle s'enfuit à l'étage en toute hâte, essoufflée. Elle frappa et entra, s'attendant à voir son maître par terre en pleine crise, alors qu'elle était tout à fait prête à jeter son tablier sur sa tête et à crier du mieux qu'elle pouvait.

"Qu'est-ce que tu veux dire par me faire attendre et ne pas répondre à ma sonnette ?" » demanda-t-il d'un ton furieux.

Elle était tellement surprise de le trouver capable de parler qu'elle retint sa langue, et c'était la meilleure chose qu'elle pouvait faire.

"Je veux du matériel d'écriture et une tasse de thé", a-t-il déclaré. "Où est Robert?"

"Je crois qu'il est au lit, monsieur, et Mme Chalmers, elle n'est pas debout. Je vais préparer du thé."

"Et pourquoi donc... dois-je garder des domestiques, s'ils doivent tous rester au lit le matin ?"

La jeune fille, effrayée par ses manières, laissa sa porte grande ouverte, et il eut la satisfaction de l'entendre crier au directeur de l'établissement : « Oh, Mme Chalmers, maître Sandford, il est juste très malade et il ment simplement. là et j'insulte et jure comme n'importe quoi."

Mme Chalmers, grosse, quarante ans, mais pas belle, haletait à l'étage, en colère contre Robert de ne pas être « à portée de main ».

M. Sandford a réitéré ses souhaits et a ajouté : « Il est grand temps que vous ayez une maîtresse pour prendre soin de vous tous, et vous en aurez une aussi.

Mme Chalmers s'effondra, qui était « si bouleversée » qu'elle s'assit d'abord et poussa un cri, puis elle gronda violemment la jeune fille, lançant ces accusations générales et vagues qui sont tellement plus difficiles à supporter que celles qui sont définitives ; gronda Robert et la femme de chambre, qui y étaient habituées et qui avaient la peau trop épaisse pour s'en soucier ; et, le thé étant fait, elle versa la première tasse à M. Sandford, qui était moins bonne que la seconde, qu'elle prit pour elle ; puis elle se sentit mieux et se retira dans sa chambre, jusqu'à ce que la maison soit « en ordre », et pour réfléchir en silence à la menace qui pesait sur elle d'une maîtresse pour tout maintenir en ordre.

On verra que toutes ces choses réunies ont produit deux résultats : l'ordre péremptoire à Mme Dorriman et une invitation à Grace et Margaret Rivers à considérer Renton House comme leur maison, du moins pour le moment.

S'il y avait une grande différence dans la manière dont cette invitation était adressée, il y avait une différence encore plus grande dans la manière dont elle était reçue. Nous avons vu à quel point Mme Dorriman ressentait la perte de son indépendance et le déracinement de sa vie tranquille et paisible.

Mais les filles Rivers avaient cette source d'espoir sans limites qui est la délicieuse portion de la jeunesse et de la santé réunies ; et dans l'invitation qui leur fut transmise par l'intermédiaire du banquier, ils ne virent qu'une nouvelle bonté.

Ils avaient passé toutes ces années dans une école anglaise de très mauvais ordre ; ils n'avaient pas de visiteurs, rien, pas même des vacances, pour briser la monotonie de la vie scolaire, et la perspective d'aller n'importe où était excitante.

Ils y eurent le malheur d'être un peu au-dessus de leurs compagnons de position, leur père étant un homme de bonne famille et leur mère bien liée ; ils avaient aussi un peu d'indépendance, cent vingt livres par an, et ils étaient les pupilles de M. Sandford, dont la richesse était immensément exagérée, comme l'est souvent la fortune lorsqu'elle est indéfinie.

Les deux sœurs qui tenaient l'école étaient des femmes bienveillantes, faibles et très ignorantes, dont elles ne pensaient pas que les déficiences éducatives se manifestaient, parce qu'elles se contentaient de surveiller et n'enseignaient rien elles-mêmes, étant donné qu'elles n'étaient pas capables de distinguer un véritable enseignement. de quelque chose de très superficiel.

Les filles y allaient à six et huit ans ; c'étaient de jolies filles, sans vraie beauté, mais suffisamment belles pour que des amis partiels les admirent et des ennemis pour dénigrer leur apparence personnelle. Les vieilles dames les aimaient, les flattaient, les gâtaient, et leurs compagnes leur emboîtaient le pas. Jamais deux filles ne sont sorties dans le vaste monde moins aptes à y occuper convenablement leur place. Grace avait la conviction bien ancrée que, d'une certaine manière, elle était un peu meilleure que tout le monde et qu'elle devait toujours diriger partout ; et Margaret, elle-même très douce, timide et de nature collante, voyait tout du point de vue de Grace, mesurait tout selon les critères de Grace, la concevait comme la créature la plus belle, la plus intelligente et la plus merveilleuse jamais créée, et pensait qu'il était tout à fait naturel que elle devrait s'attendre à être toujours la première partout. Tout ce qu'elle faisait, elle le concevait comme étant presque inspiré, elle l'admirait, l'admirait et n'avait aucune pensée ou sentiment propre, en dehors d'elle.

Les filles quittèrent l'école, escortées jusqu'à Édimbourg par un professeur qui s'y rendait. Ils furent très surpris que personne ne les y ait rencontrés, mais ils continuèrent leur route jusqu'à Glasgow, sûrs qu'ici quelqu'un viendrait les chercher.

Jamais, aussi loin qu'ils se souviennent, ils n'avaient quitté l'école depuis leur arrivée là-bas, et même Grace, qui était indépendante et capable, pensait-elle, d'aller n'importe où par elle-même, était déprimée à leur arrivée à Glasgow.

C'était une journée d'automne sombre et pluvieuse, et l'épais voile de fumée qui donne à cet endroit prospère un aspect si lugubre et crasseux aux yeux de tous les étrangers recouvrait tout. Ils ne voyaient pas à cent mètres d'eux, et lorsqu'ils descendirent de la voiture, ils furent abasourdis et abattus.

Tout le monde semblait trop occupé pour s'occuper d'eux, et Grace trouva très extraordinaire, et Margaret encore plus extraordinaire, que personne ne lui prête la moindre attention. Ils pouvaient sûrement tous voir qui elle était ?

Ce fut avec difficulté qu'ils obtinrent quelques renseignements et se rendirent compte qu'ils devaient se rendre dans une autre gare, et en toute hâte, s'ils voulaient prendre le seul train qui allait à Renton cette nuit-là.

Fatigués et déçus, ils prirent un taxi, et pas plus de filles désespérées ne traversèrent la ville animée que ces deux-là ce jour-là.

Dans l'autre gare, par hasard, un seul employé s'est retrouvé pour répondre aux demandes des passagers de première, deuxième et troisième classe, et il y avait une foule des deux côtés. Grace faillit y renoncer, désespérée, et n'eut que le temps de courir vers son train, laissant pour le moment sa dignité prendre soin d'elle-même.

Lorsqu'ils arrivèrent à Renton, ils regardèrent autour d'eux : il n'y avait personne. Leur moral tomba de nouveau considérablement, et ce fut avec un caractère ébranlé, dû à une blessure, que Grace monta dans un taxi avec sa sœur et rampa jusqu'à Renton House.

Ce à quoi elle s'était attendue, ou quels avaient été ses rêves, n'a pas d'importance, car ils ont disparu sur-le-champ. Un court chemin sans arbres jusqu'à une maison carrée de petite taille, avec un bon et honnête jardin de choux à côté et derrière elle, un champ dans lequel flottait du linge domestique, et la ville enfumée et pleine d'usines en contrebas. , c'était le palais de ses rêves, la Renton House où elle avait déjà invité (heureusement de manière très vague) ses camarades d'école préférés.

Robert, qui ne portait pas de vêtements particuliers, ouvrit la porte, les fit entrer dans une grande pièce au mobilier simple, et partit annoncer leur arrivée à M. Sandford.

Il entra et les reçut assez gentiment, leur dit de se laver les mains rapidement car le dîner était prêt. Mais ses manières pompeuses les glaçaient. Quelque chose là-dedans semblait leur dire si clairement : « Vous n'avez aucun droit réel sur moi, mais je vous donne quand même mon visage.

Seules dans leur chambre, les sœurs se regardèrent un moment en silence ; puis leur cœur se serra, et oubliant le temps, et tout sauf leur déception, ils pleurèrent longuement et amèrement dans les bras l'un de l'autre.

C'était une caractéristique de Grace que, malgré tous ses ennuis et sa dépression, elle songeait encore à changer de robe. Le dîner était prêt, et on les fit appeler deux fois, mais même si Margaret était prête, elle ne voulait pas descendre seule ; et sa sœur, qui voulait faire impression, était particulière sur ce dernier point ; le fait de nouer correctement un arc et de le placer exactement là où il doit produire l'effet désiré.

Ils descendirent et trouvèrent le salon vide ; plus bas encore jusqu'à la salle à manger, où M. Sandford avait un air renfrogné peu prometteur sur le front.

"Moins de choses aurait pu vous servir", dit-il en jetant un coup d'œil aux filles, "quand j'attendais."

"Je suis vraiment désolée", commença Margaret, mais elle fut arrêtée par Grace...

"Vous auriez peut-être retardé le dîner", dit-elle froidement, "comme notre train arrive si tard, il était tout à fait impossible d'être prêt plus tôt."

M. Sandford la regarda attentivement pendant un moment ; un sourire sinistre traversa son visage ; mais il regarda tour à tour sa sœur, et son visage s'adoucit. Margaret ressemblait beaucoup à sa femme – pas si jolie qu'il le pensait, mais comme – et il était content, et il s'est pris d'affection pour elle à partir de ce moment-là.

Il y avait de tout en abondance, même si tout était clair. M. Sandford a peu parlé ; Grace était la principale oratrice et ce qu'elle disait ne lui plaisait pas.

Elle reprochait aux trains, à la fumée, à l'agitation, aux inconvénients de la gare. Il l'entendit en silence pendant un moment, puis, levant les yeux, il dit sarcastiquement :

"Si j'y avais pensé, j'aurais peut-être commandé un train spécial pour toi."

Grace était lente à voir une plaisanterie contre elle-même, mais elle avait le sentiment inconfortable (très vaguement ressenti) qu'une telle chose pourrait être possible – en lui.

Le dîner continua. M. Sandford, sous ses sourcils hirsutes, observait la jeune fille devant lui. Il était immensément amusé par ses airs et ses grâces ; et, comme l'observation est souvent confondue avec l'admiration par des gens plus sages que Grace Rivers, elle se leva de table très satisfaite d'un succès qui, selon elle, devait conduire à de nombreux résultats importants.

Elle en parla beaucoup à Margaret, ce soir-là, lorsqu'elles montèrent dans leur chambre, et de toutes les réformes qu'elle comptait faire dans le ménage. Margaret écoutait avec toute la déférence qu'elle était habituée à accorder aux remarques de Grace, et aucune appréhension ne traversa l'esprit des deux sœurs quant au pouvoir total d'être entre les mains de Grace.

« J'aurai beaucoup à faire », dit-elle d'un ton très important, tandis qu'ils se préparaient enfin à se reposer.

Comme c'était sa dernière pensée de la nuit, c'était aussi sa première idée le lendemain matin.

La pièce dans laquelle ils se trouvaient était une grande pièce carrée, et à côté se trouvait une pièce qui correspondait au salon du dessous, ayant également le seul bow-window de la maison, et offrant une vue sur la campagne et sur quelques champs verts.

Il était plein de bois de construction – de vieilles cartes, de manuels scolaires, etc. – et, comme c'est souvent le cas lorsqu'aucun œil féminin n'est là pour intervenir, diverses accumulations dont personne n'avait à s'occuper, s'y étaient rassemblées.

De la porcelaine cassée et des chaises cassées, quelques gravures anciennes, avec leurs verres cassés également. Ce qui s'est passé était caché à la vue de M. Sandford.

"Nous allons mettre les choses au clair", a déclaré Grace, "nous allons remettre les choses en ordre et en faire notre salon."

Mais sa détermination s'est heurtée dès le début à l'opposition de M. Sandford.

"Le salon n'est-il pas assez grand pour vous ? Pourquoi voulez-vous un salon ? Vous devriez être assez heureux d'avoir une pièce bien chauffée ; qu'il en soit ainsi, je ne vais pas voir la maison bouleversée par vous ou par quelqu'un d'autre. un autre."

"Mais nous voulons un endroit où nous pouvons travailler sans nous soucier de faire une litière", a insisté Grace, "et nous pouvons le faire nous-mêmes".

"Laissez-le tranquille", dit-il d'un ton bourru, et il sortit de la pièce.

Grace fit un geste de désespoir.

"Ce sera une tâche plus difficile que je ne le pensais", dit-elle pathétiquement à sa sœur. "N'est-il pas difficile d'avoir tant de peine au tout début ?"

"C'est dur, chérie," dit doucement Margaret, "mais tu auras bientôt tout ce que tu veux; tu sais que chacun fait enfin ce que tu veux; tu devras juste le lui faire faire après un moment, quand tu le connaîtras mieux. ".

L'effort suivant de Grace fut en direction du cuisinier ; elle était déterminée à apporter une grande amélioration à ses performances. N'avait-elle pas suivi toute une série de cours de cuisine, appris à glacer des gâteaux et bien d'autres choses utiles ? Avec beaucoup de dignité, elle sonna au salon et, lorsque Robert apparut, elle dit : « Envoyez-moi la cuisinière.

Robert sourit jusqu'aux oreilles et revint quelques minutes plus tard.

"Cook est occupé et ne peut pas venir." Il se leva et la regarda.

Grace ne répondit rien.

"Je dois accepter n'importe quel message", dit-il, désireux de susciter un peu de perturbation.

"Si elle ne choisit pas de venir chercher des ordres, je n'en donnerai aucun", dit-elle après un moment avec une visible accession à sa dignité, et Robert partit à contrecœur.

Les sœurs commencèrent à déballer leurs affaires, et le moral de Grace remonta lorsqu'elles eurent fait de leur chambre la seule maison qu'elles aient jamais connue.

Ce soir-là, une fois le dîner terminé, Grace commença à parler de ses devoirs envers M. Sandford.

"Je ne veux pas mener une vie inutile", commença-t-elle, après avoir bien réfléchi à son discours, mais ayant terriblement du mal à le lui dire maintenant, tandis que ses yeux gris, vifs, durs et froids, la regardaient. sans broncher : « Je veux être utile ».

"En effet?"

"Oui," dit-elle en reprenant plus de courage, "je compte me donner beaucoup de mal et bien faire les choses, et étant vraiment utile, je ne compte pas manger le pain de l'oisiveté."

"Envisagez-vous de devenir gouvernante ?"

Une douche à l'eau froide n'aurait guère été un plus grand choc pour elle.

"Je voulais dire que je voulais être utile ici."

"Oh ! Tu voulais être utile. De quelle manière ?"

Pauvre Grâce !

"Je pensais que tu aimerais que je commande le dîner et que je m'occupe de tout."

"Avez-vous eu une expérience ? Je pensais que vous aviez toujours été à l'école. Avez-vous commandé les dîners là-bas ?"

Il y avait quelque chose de presque insolent dans son ton, et Grace, à travers toute la peau épaisse de son amour-propre, qui l'empêchait généralement de voir ou de ressentir une quelconque offense, grimaça.

Elle rassembla cependant son courage et dit : " Comme nous sommes avec vous et qu'il est d'usage qu'une dame soit la maîtresse de maison, j'ai pensé... "

John Sandford se renversa sur sa chaise et éclata de rire. Il était immensément chatouillé par l'hypothèse de cette fille. Son sens de l'humour, rarement touché, en fut atteint ; la situation lui semblait contenir tous les éléments du ridicule, et son rire était un rire inhabituel et bruyant, sans contrôle. Une rougeur de colère monta sur le visage de Grace, Margaret le vit et, comme d'habitude, se jeta dans la brèche...

"Grace avait seulement l'intention de faire ce qu'elle pensait être son devoir", dit-elle courageusement, "et ce n'est pas gentil de votre part de la traiter ainsi - et, ma chère Grace, cela ne vous dérange pas", et elle se leva et jeta ses bras autour d'elle. .

"Vous avez raison, ma fille", dit M. Sandford en la regardant avec un respect accru. "C'est dommage que votre sœur ne prenne pas une feuille de votre livre. 'Ceux qui ne marchent pas sur la pointe des pieds ne doivent jamais se mettre sur les talons', un dicton simple mais vrai;" puis se tournant vers Grace, contre laquelle il ne sentait aucune influence adoucissante, il dit sèchement : « Je vous suis obligé de m'offrir de vous faire la maîtresse de ma maison, et de ne pas vouloir manger le pain de l'oisiveté, et tout le reste de ma vie. Cela semble très bien, mais si je voulais une maîtresse – ce qui n'est pas le cas, car j'en ai déjà une – je ne choisirais pas une fille inexpérimentée de moins de vingt ans pour ce poste. Cependant, je dois vous dire que ce n'est pas le cas. C'est nécessaire. Ma sœur, Mme Dorriman, vient demain pour être la maîtresse de cette maison ; sans elle ou quelqu'un comme elle, je n'aurais pas pu vous inviter ici et quand elle viendra, je souhaite que vous veniez ; soyez à sa hauteur et obéissez-lui en toutes choses. »

Voici un coup de tonnerre. Les filles se regardèrent avec consternation. Sa sœur! elle serait alors une édition féminine de lui-même ! Tous les rêves des enfants pauvres d'avoir du temps pour eux et d'être pratiquement libres se sont effondrés ; le choc a rendu Grace silencieuse et les yeux de Margaret se sont remplis de larmes.

« J'espère que vous comprenez bien, » dit brusquement M. Sandford, satisfait de l'effet qu'il avait produit, « je n'ai pas atteint l'âge de ma vie pour être inquiet et troublé par des disputes et des perturbations entre femmes. Si vous voulez ravaler votre orgueil et vous effondrer, il vous faudra trouver une autre manière de manger du pain, par oisiveté ou l'inverse.

Avec l'air renfrogné qui obscurcissait son visage chaque fois qu'il était en colère, il regardait Grace, gardant résolument son visage loin de Margaret, dont le regard avait une étrange influence sur lui, et, repoussant sa chaise, il se levait et sortait de la pièce.

Grace se leva aussi. Elle était pâle et provocante, pas d'humeur à tolérer même les caresses de Margaret, elle se rendit dans leur propre chambre ; et, malgré le froid qu'il faisait, elle ouvrit la fenêtre, avec l'impression d'étouffer. Pour la première fois de sa vie, on lui avait parlé de manière grossière et insolente et on lui avait fait sentir sa dépendance. Le destin était en effet cruel : pourquoi a-t-elle été laissée à la merci du monde et de M. Sandford ? Elle ne resterait pas avec lui – pour être intimidée, harcelée et ordonnée par lui et sa sœur. Elle irait… mais où ?

Un spasme de douleur, de rage et d'indignation la parcourut ; pour la première fois de sa vie, sa vanité et son amour-propre avaient été gravement blessés. Elle souffrait beaucoup, et juste au moment où elle s'insurgeait contre son sort et contre tous ceux qui y étaient liés, une lettre de son ancienne maîtresse d'école lui fut remise entre les mains. Elle le lisait et rétrécissait en le faisant, les mots affectueux dans lesquels se mêlaient tant de flatteries affectueuses, lui frappaient presque comme s'ils étaient écrits en moquerie, elle ne devait pas permettre à sa vie actuelle de splendeur de la rendre oisive : elle avait tant de choses à faire. les cadeaux, elle devait les utiliser ; elle ne devait pas permettre à la vanité de son apparence personnelle de défigurer son esprit ; bien que d'apparence reine, elle devait marcher humblement, etc. etc.

Elle s'assit, regardant les alentours. Quelle splendeur y avait-il dans ce lit à baldaquin avec ses rideaux de laine et ce tapis hideux qui était tout le contraire de tout ce qu'on lui avait appris à aimer ? Elle n'a pas poursuivi cette pensée, et il ne lui est jamais venu à l'esprit que ses grands dons et sa grâce de reine étaient également faux. Elle a tout accepté, et personne ne peut lui en vouloir, mais aucune plus grande cruauté n'aurait pu lui être infligée que le faux standard et la surestimation d'elle-même qui lui ont été donnés, l'enveloppant si complètement qu'un jour le réveil serait terrible pour elle. son.

Le plaisir innocent de sa sœur à l'égard de la lettre et la manière chaleureuse avec laquelle elle approuva la flatterie lui firent une fois de plus un réconfort, et une fois de plus elle se tourna vers elle et parla.

« Que devons-nous faire de cette femme, de cette sœur, de cette Mme Dorriman, Madge ?

Margaret rit doucement.

« Vous aurez raison d'eux tous avec le temps, » dit-elle ; " tu fais faire à tout le monde ce que tu veux ; tout le monde t'admire tant ; tu es si intelligente, chérie, et si belle. Je suis bien sûre que tu épouseras un duc. "

Grace sourit ; elle commençait à oublier la blessure qu'elle avait reçue, et les consolations de sa sœur lui étaient très douces. Elle alla se laver le visage et dit en riant :

"Malheureusement, aucun duc n'est en vue ici ; et Margaret," dit-elle soudain avec un petit frisson, "j'ai l'impression que dans cet endroit morne, personne ne viendra jamais."

"C'est absurde, chérie," dit doucement Margaret; "Le prince vient toujours au moment où il y a une grande détresse, au moment où la princesse a besoin de lui."

Un tour dans le jardin des choux, révéla quelques feuilles colorées et quelques fleurs tardives mêlées aux légumes « utiles » ; c'était mieux que rien, et les filles les rassemblaient puis parcouraient la ville, attirant, bien sûr, beaucoup d'attention dans cet endroit isolé, où peu de nobles venaient jamais.

Grace rentra chez elle pas tout à fait malheureuse. Un ou deux employés et plusieurs employés du magasin l'avaient suivie, elle et sa sœur, avec des regards admiratifs, et, en l'absence de tout le reste, cela était acceptable.

Elle rentra à la maison de bonne humeur et marcha plus délicatement que jamais, rencontrant M. Sandford à la porte d'entrée. Il était rentré plus tôt que d'habitude pour recevoir sa sœur. Il était satisfait de voir qu'elle ne boudait pas ; si elle l'avait été, il avait décidé de la laisser tomber, et elle aussi, immédiatement.

Cependant, Grace fut bientôt dans sa propre chambre, se préparant pour la rencontre qu'elle redoutait. Dès le début, Mme Dorriman devait apprendre la place qu'elle devait occuper ; extérieurement, elle pouvait être maîtresse, commander le dîner et garder les domestiques à leur place, mais, en ce qui concerne l'interférence avec elle et Margaret, cela ne devait pas être le cas, et elle avait soif de lui faire comprendre cela et de tout régler d'un coup.

Comme d'habitude, elle répétait les mots et la manière dont elle devait parler lorsque M. Sandford l'appela. Il avait sa propre idée de ce qui était respectueux envers sa sœur, et avant qu'elle ait eu le temps de prendre position ou de dire un mot, elle avait eu l'intention de dire qu'il la précipitait en bas sans lui serrer le bras très doucement, ayant pris sa décision. que, comme la chose appropriée à faire était de descendre à la porte d'entrée pour recevoir Mme Dorriman, elle devrait y aller.

La voiture n'était même pas en vue, mais il avait vu le train entrer ; et comme Grace, debout à côté de lui à la porte ouverte du vestibule, sentait le vent froid souffler sur elle, elle ajouta cela aux autres torts, et le haït presque.

CHAPITRE IV.

Le dernier après-midi de son séjour à Inchbrae était arrivé. Mme Dorriman, ayant l'impression de travailler très dur, transportait à l'étage plusieurs choses qui auraient dû rester en bas, et errait impuissante, avec le sentiment terrible d'avoir une énorme affaire à faire et à arranger qui la pressait ; mêlé à ce sentiment toujours constant et déprimant qui la distinguait, de ne pas être à la hauteur. Y a-t-il quelque chose de plus terrible que la conscience que la force n'est *pas* là, quel que soit le « jour » ? et n'est-ce pas autant un péché d'écraser et de tuer un esprit que de détruire un corps ? et son esprit avait été écrasé. Elle s'assit à l'étage dans son coin favori d'où elle voyait le fleuve se jeter dans la mer ; elle a pris sa Bible dans l'espoir de trouver du réconfort, mais son esprit était si agité qu'elle a lu les mots sans en comprendre le sens.

Le fleuve lui suggérait, comme à tout le monde, l'insistance du destin, qu'elle était inexprimablement affectée par cette nouvelle et terrible déception. Après avoir connu si peu de bonheur, elle s'était trouvée dans un havre si tranquille ; et une fois de plus, après s'être sentie en sécurité et heureuse, elle fut entraînée dans les vagues agitées de la vie pour recommencer une bataille. L'idée lui vint à l'esprit qu'il pourrait y avoir un appel – que quelqu'un pourrait l'aider à éviter cela ; elle était veuve et non plus une fille ; comment se fait-il qu'elle soit autant entre les mains de son frère ? M. Macfarlane ne pourrait-il pas le démêler. Elle avait une crainte secrète de renoncer aux papiers de son mari – peut-être y trouverait-on quelque chose qui pourrait nuire à sa mémoire, et depuis sa mort, elle pensait à lui avec beaucoup plus de tendresse et se souvenait de lui avec beaucoup plus d'affection qu'elle ne l'avait fait pendant sa vie. sa vie, malgré son mépris pour ses capacités.

Mais elle lui reprochait néanmoins de ne pas l'avoir préservée de cette situation de dépendance qui avait été son grand espoir lorsqu'elle l'avait épousé. Elle lui pardonnait maintenant son manque de succès, mais ça... c'était si dur et si injuste envers elle.

Elle était plongée dans ces pensées lorsqu'elle fut réveillée par le craquement du gravier sous sa fenêtre, et elle descendit dans la pièce si nue et désolée, dépouillé de ses fleurs, de ses vieux morceaux de porcelaine, de tout ce qui la rendait comme à la maison. ...pour recevoir M. et Mme Macfarlane. Mme Macfarlane était une femme joyeuse et agréable, mais elle était beaucoup trop chaleureuse pour être d'une gaieté accablante et oppressante alors qu'il aurait été difficile pour une autre de répondre. Elle avait le tact d'une femme bienveillante, ce qui est une chose bien plus fiable que le tact acquis par les frictions constantes de la société.

En quelques instants, ils prenaient le thé tous les trois, le feu comblait d'autres défauts, et, bien que Jean s'excusât des meilleures tasses, personne n'avait pensé à quelque chose qui manquait. Mme Dorriman avait été très troublée par les journaux ; elle-même n'avait jamais osé les approfondir, comme on le sait, elle craignait de voir dans ces dossiers quelque chose qui pût la chagriner, à propos de son mari. Mais à cause de cette crainte, elle était parfois curieuse de savoir comment ces papiers affectaient son frère, et elle ne savait que faire à leur sujet. Elle n'osait pas les emmener avec elle car elle savait que si elle le faisait, son frère s'en rendrait bientôt maître ; elle ne pouvait pas les enfermer car l'endroit était vendu, et quand elle y pensait, elle avait toujours la gorge nouée.

Tout le temps qu'elle buvait son thé, elle se demandait quoi faire et avait envie de consulter M. Macfarlane à ce sujet, retenue par sa timidité accablante.

Lui-même est venu à son secours : il lui a demandé si elle souhaitait laisser quelque chose derrière elle et il lui a dit que lui et sa femme se chargeraient volontiers de tout pour elle.

Il était tout étonné de sa gratitude, qui semblait bien au-delà du léger service qu'il lui offrait. Elle le remercia les larmes aux yeux – il y avait de la porcelaine et…

Les yeux perspicaces de Mme Macfarlane virent que d'une certaine manière cette offre signifiait plus qu'il n'y paraissait, et elle se leva avec Mme Dorriman pour aller voir combien de place les choses prendraient et comment les prendre au mieux.

Mme Dorriman se tenait devant les caisses contenant les trésors de la maison, ses couleurs allant et venant, et son hésitation et son incertitude évidentes tout à fait pitoyables à voir. Son amie la regarda avec étonnement : elle vit des larmes lui monter aux yeux, et elle posa doucement sa main sur la sienne et dit : « Tout cela est très douloureux pour toi, tu te sentiras mieux quand ce sera fini.

"Tout n'est que douleur... ce n'est pas ça..." et les larmes de la pauvre Mme Dorriman débordèrent. Puis, alors que le bruit de la voiture de M. Macfarlane annonçant son départ imminent frappait son oreille, elle se baissa brusquement et en sortit une boîte qu'elle ne pouvait soulever, et elle dit dans un murmure agité : « Je ne sais pas ce que c'est, ou quels secrets ils détiennent, j'ai peur de regarder - mon frère veut ces papiers - Mme Macfarlane, ils appartenaient à mon mari, ils sont à moi. Vous ne les abandonnerez jamais ?

"Je ne les abandonnerai jamais, sauf si vous le souhaitez."

"Il est plus sûr pour mon frère de ne pas savoir que vous les avez. Il n'est pas sûr qu'ils existent, mais il est très anxieux – tellement impatient de les retrouver que je sais qu'ils ont de l'importance pour lui."

"Mais, chère Mme Dorriman, pourquoi ne pas les parcourir ? Un mal deviné est pire que celui affronté."

"Vous ne savez pas... j'ai peur. Non ! Je ne peux pas les regarder... un jour viendra peut-être... Mme Macfarlane, si vous saviez tout. En regardant, je pourrais faire du mal à mon mari. Je ne peux pas le faire... je n'ai pas le courage. ".

"On peut au contraire découvrir beaucoup de choses qui ont intrigué les gens au moment de sa mort. Personne ne comprend comment il a fait pour perdre tout son argent;" puis, étant une femme discrète, elle s'arrêta net : elle ne devait pas dire un mot pour opposer Mme Dorriman à son frère.

"Tu penses que ça pourrait faire du bien ?" dit la pauvre femme avec un éclair dans les yeux, une lueur d'espoir, qui brillait là un instant et s'éteignait de nouveau. "Non!" elle a répété : "Je ne peux pas le faire maintenant. Je ne peux pas prendre de risques."

Mme Macfarlane estimait qu'elle n'avait pas le droit de la pousser à suivre une ligne d'action, alors qu'elle ignorait la véritable histoire de son passé et ne pouvait pas en prévoir les conséquences ; mais elle alla appeler son mari.

M. Macfarlane n'était pas aussi disposé que son épouse à se jeter dans cette situation. Son cœur chaleureux l'a souvent amenée à prendre des responsabilités dont sa prudence aurait préféré se passer.

Comme d'habitude, sa réticence dissipa les doutes qui persistaient encore dans l'esprit de Mme Dorriman ; dès qu'une chose est difficile ou inaccessible, elle devient souhaitable.

Il accepta cependant la confiance et dit soudain : « Vos accords de mariage sont-ils entre les mains de votre frère ?

"Mes accords de mariage ? À ma connaissance, je n'en ai jamais eu", répondit-elle, impuissante.

"Vous n'avez jamais eu de mariage ?" Il avait du mal à la croire.

"Non, au moins je n'en ai jamais entendu parler. Je suppose que je devrais tout savoir de tout ce qui m'affecte de cette façon."

"Je suppose." Il réfléchit un instant. La même pensée qui était venue à l'esprit de sa femme lui revint sous une forme encore plus forte. Il ne devait rien dire qui puisse éveiller ses soupçons à l'égard de son frère, ou qui, d'une manière ou d'une autre, rendrait sa visite chez lui plus pénible qu'elle ne l'était évidemment.

"Je vous conseille fortement, Mme Dorriman, de lire ces documents. Ils peuvent jeter beaucoup de lumière sur votre position. Vous êtes peut-être dans une meilleure, bien meilleure position que vous ne le pensez."

"Je ne peux pas", dit-elle à voix basse. " J'ai peur. Je pourrais un jour me résoudre à le faire, mais je ne peux pas le faire maintenant. Les garderez-vous pour moi ? Oh, faites-le ! et ne laissez jamais *personne* , ne laissez jamais mon frère savoir que vous les avez. Un jour si je suis en grande difficulté et que je ne vois pas mon chemin, je vous demanderai de les lire.

Elle s'arrêta un instant, puis, se tournant vers eux avec une passion qu'on ne lui avait guère crue, elle dit, les larmes coulant sur son visage : "Tu ne sais pas, comment peux-tu ! Mais j'étais si dure. Je pouvais Je ne pardonne pas à mon mari son manque de succès. Il m'aimait beaucoup, et je... je n'avais pas d'amour à lui donner. Puis, quand il est mort, je lui ai pardonné, et il le savait, mais je n'ai jamais pensé à cela, je devais le faire. être à nouveau dépendant et perdre ma maison et tout... Je commence à ne plus penser à lui, j'ai peur de voir quelque chose dans ces journaux... quelque chose qui pourrait me faire détester...."

Elle s'arrêta, brisée par l'émotion accablante qui s'était emparée d'elle, et M. Macfarlane fut ému, il s'approcha d'elle et lui prit la main. « Pardonnez-moi, dit-il, je ne vous en demanderai plus ; mais avant d'emporter ceci avec moi, ajouta-t-il en posant la main sur la boîte, nous la scellerons ensemble. » Il prit du papier d'emballage et de la corde et lui fit sceller le tout avec son propre sceau. Elle lui obéit tranquillement ; son soudain et inhabituel éclat d'émotion l'ayant laissée plus calme, plus tranquille et plus pâle que d'habitude.

Lorsqu'elle s'était séparée de ces vrais amis, elle avait eu l'impression de perdre tout ce qui lui était cher ; dans sa vie refoulée, si peu d'affection lui était venue, sauf celle que son mari lui avait donnée.

Les papiers étaient en sécurité et hors de sa portée. C'était un fait sur lequel elle insistait avec une grande satisfaction lorsque le dernier bruit de la voiture perça le silence. Mme Dorriman est sortie. Elle montait les collines dire adieu aux vieillards pour qui son départ était un vrai chagrin, et avant de partir, elle alla donner l'ordre à Jean de préparer quelque chose pour son retour, et quelque chose pour le lendemain.

Jean avait l'air plein d'importance, et sa maîtresse, bien habituée à ses manières, savait qu'elle avait quelque chose à dire, qu'elle avait quelque chose à révéler, et qu'elle comptait être interrogée. " Que vas-tu faire, mon pauvre Jean, quand nous nous séparerons demain ? Tu ne me l'as pas encore dit. "

"Nous n'allons pas nous séparer ici", dit Jean, un air de triomphe sur le visage.

"Non", dit Mme Dorriman, qui sentit douloureusement cette séparation venir. "Je pensais que tu irais à la gare et que tu m'accompagnerais. J'en suis content."

— Plus loin encore, dit Jean avec insistance.

Mme Dorriman la regarda. Que voulait-elle dire ?

"Je vais jusqu'à Renton même", dit Jean d'un ton déterminé.

"Mais mon cher Jean, mon frère..."

"Votre frère n'est pas à moi, et je n'ai rien à voir avec lui, ni lui avec moi. Je vais dans la ville de Renton, et j'ai une situation là-bas; pensez-vous que je vous laisserais aller là où je pourrais je ne te vois jamais, ou toi moi ? Non ! Je l'ai d'abord réglé dans mon esprit, puis je l'ai arrangé avec d'autres personnes, et le même train qui t'emmène m'emmène, et mon baiser est juste parti avec tes affaires, dans le même chariot."

Mme Dorriman ne pouvait pas parler, mais la femme désespérée embrassa le visage rouge devant elle – la moitié de son trouble semblait allégé – et Jean, touché et maladroit devant une démonstration si étrange, lui tapota le dos d'une main dure et chaleureuse et disparut de chez sa maîtresse. yeux.

Mme Dorriman remontait la rivière avec un cœur plus heureux que récemment. Avec un ami près d'elle sous la forme de Jean, elle avait l'impression que rien n'avait autant d'importance ; elle avait besoin de réconfort. Avec tout l'amour enthousiaste pour la beauté du foyer qu'elle quittait pour toujours, elle quittait aussi les petits devoirs personnels qui lui étaient devenus agréables. Elle a dû faire face au chagrin de ceux qui étaient devenus ses amis ; elle ne pouvait rien leur promettre à distance : elle n'avait rien à elle ; elle ne pensait pas que son frère continuerait à lui donner un revenu ; elle doit se garder de faire des promesses qu'elle ne pourrait pas tenir.

Les mêmes mots l'entendaient partout : " Quel dommage que tu partes ! C'est à nous que tu vas nous manquer, ma chère. Oh, à quoi ça sert ? Est-ce pour le plaisir de la compagnie ? "

Ils n'en revenaient pas, ses mains étaient secouées jusqu'à picoter à nouveau. Lorsqu'elle rentrait chez elle, une des plus âgées des vieilles femmes se tenait sur le seuil de sa porte, comme une vieille prophétesse. Ses cheveux gris étaient lissés sous sa *coupe* , ses yeux noirs brillaient et son visage ridé apparaissait blanc dans la pénombre.

Elle était la fille d'un homme célèbre à son époque, un homme qui avait eu le don de la seconde vue, et même si elle n'avait pas hérité de ce don, elle était admirée, elle avait tellement de paroles de son père au bout des doigts. , et elle avait beaucoup de ses manières.

"Viens ici," dit-elle, "et assieds-toi." Mme Dorriman ne pouvait pas faire cela, mais elle lui a demandé de l'accompagner chez elle. Il se faisait tard et la lumière déclinait rapidement. Christie était attachée à Mme Darriman, particulièrement parce qu'elle et ses ancêtres avaient vécu près de l'ancienne maison sur la propriété du vieux M. Sandford, et elle avait beaucoup à dire sur la façon dont la vente du lieu avait été prédite et prévue de nombreuses années auparavant. par son père.

Ce soir, ce qui n'était pas étonnant, elle était pleine de tout. « Cela me dérange, » commença-t-elle sur le ton solennel approprié au sujet, « d'entendre mon père raconter ce qu'il a vu, et il savait qu'il avait vu ce qui signifiait du mal pour l'endroit et pour le Laird, et il en était affligé, en effet. Il a fait."

"C'est à ce moment-là qu'il a vu une lumière ?" » a demandé Mme Dorriman.

"C'était une lumière et ce n'était pas une lumière, ma chère, c'était quelque chose de feu."

"Parle-moi encore, Christie. Parfois, je suis confus à ce sujet."

"Vous voyez, ma chère, les gens ordinaires, certains d'entre eux ont des fantômes et voient des esprits, et ainsi de suite, mais la noblesse, la vraie vieille noblesse, ils ont un autre type de fantôme, il y a *des choses qui arrivent* - vous allez comprendre."

Quoi qu'il en soit, Mme Dorriman comprit ce que Christie voulait exprimer, et même à ce moment et à ce moment de malheur, l'idée qui lui était présentée des fantômes supérieurs accordés à la noblesse la fit sourire.

"Eh bien, Christie, c'est peut-être vrai", dit-elle, "mais l'idée est nouvelle pour moi."

"Ce n'est pas nouveau pour nous, et ce n'était pas nouveau pour mon père. Je ne veux pas dire que les esprits sont différents, même si nous savons tous que les esprits prennent des formes différentes; mais quand le chef de famille s'en va, ou qu'un malheur approche lui, on verra des choses étranges. Mon père a vu ces choses – il ne m'a pas été donné de les voir – c'est peut-être mieux que mon père ait eu de nombreuses heures sombres, ceux qui ont ces dons doivent traverser de grandes angoisses. Je l'ai vu assis la nuit et ayant l'air sauvage, je l'ai entendu dire des choses étranges...."

"Et à propos de cet incendie ?" » demanda Mme Dorriman, un peu impatiente de rentrer chez elle maintenant que l'obscurité rendait le sentier difficile à voir.

" Ah, " dit Christie, " j'ai entendu cette histoire à maintes reprises. Il était dans sa maison, la maison en haut de la colline, sous le bois, et il était agité ; l'heure approchait pour lui, et il ne pouvait pas le faire. " " Il a ouvert la porte et est sorti dans l'obscurité. Vous vous souviendrez de la colline escarpée qui montait jusqu'à la maison et de la façon dont la vieille maison elle-même se dressait à l'écart de tout ? "

Mme Dorriman fit un geste d'assentiment. Le souvenir de son ancienne maison et de la manière dont elle avait été vendue au premier enchérisseur lui était indiciblement amer. Elle était déprimée et triste, et avait l'impression qu'elle n'avait guère besoin de souvenirs autres et douloureux, lors de sa dernière soirée ici.

"De l'est et de l'ouest, du nord et du sud, les ténèbres s'accumulaient - la nuit était si noire qu'on ne voyait rien - la colline où se trouvait la maison de ton père n'était qu'une ombre, et les lumières aux fenêtres brillait d'une puissance merveilleuse.

« Les cieux étaient dans l'obscurité à cause d'une tempête qui s'amassait, et le vent hurlait de haut en bas, de haut en bas – seul mon père, qui comprenait les choses, aurait pu se tenir là et y faire face. Puis les nuages s'ouvrirent et une grande boule de feu est descendue ; elle s'est brisée sur la maison, ma chère, sur la maison, et s'est divisée en trois morceaux – seulement trois et un morceau est allé au coin est, et une flamme a touché le sud et une le nord ; , et seul le coin, celui de l'ouest, est resté intact, et cela signifiait beaucoup, puis le feu s'est réuni et est tombé sur la maison elle-même. La voix de Christie était si impressionnante, ses manières si solennelles, que Mme Dorriman, même si l'histoire en était une qu'elle avait souvent entendue auparavant, avait l'impression de l'entendre pour la première fois.

"Qu'est-ce que ça voulait dire ?" » demanda-t-elle à bout de souffle.

" Cela signifiait, ma chère, ce qui s'est passé. Votre père a perdu la dame (elle venait du sud), et ce fut un malheur, et un très grand ; puis il a perdu son procès, le procès concernant une terre dans le pays. North. Puis il est mort lui-même, le pauvre, et c'était la troisième chose – et la maison a été vendue.

"Alors les malheurs étaient complets ?" et Mme Dorriman s'avança un peu et frissonna. Il était impossible de ne pas être inconfortablement impressionné par Christie : sa grande silhouette et ses gestes imposants se dressaient à côté d'elle dans l'obscurité toujours croissante.

"Pas complet, ma chère, pas terminé. Non, c'est ce que mon père disait toujours, il en parlait souvent et souvent, c'est pourquoi cela est écrit dans mon cerveau. Tout ce qu'il a dit s'est réalisé, et pourquoi cela ne devrait-il pas se produire." est-ce vrai ? Il a tout vu jusqu'au bout et il l'a lu, et il était censé le lire. Elle baissa la voix en disant cela et se tut une fois de plus.

Les deux hommes arrivèrent à la petite porte et au pont qui enjambaient le brûlage et menaient à la maison de Mme Dorriman. Elle se retourna et prit la main de Christie : « Je sens que c'est la fin », dit-elle avec ce sanglot dans la voix qui est plus pathétique que pleurant ; "Tu sais que cet endroit m'a disparu et que je ne le reverrai plus jamais!"

"Oui, vous le ferez", dit Christie fermement; " Mon père a dit ce que je vais vous dire maintenant, même si je ne devais pas en parler à tout le monde. Cette nuit-là, je vous ai raconté que lorsque la boule de feu s'est divisée et est tombée, il restait un coin de la maison intact ; et lorsque le le feu et sa grande rougeur s'éteignirent, il vit une lumière argentée monter, et elle sortit de ce coin et se répandit et se répandit comme un flot de clair de lune sur tout, et la lumière était juste au-dessus de l'endroit où tu étais couchée, ma chérie, un bébé pas beaucoup depuis quelques semaines, et je vivrai pour vous voir faire ce que vous voudrez et vivre ici ou là, ou dans la vieille maison, à votre guise.

Elle porta les mains de Mme Dorriman à ses lèvres, les embrassa avec ferveur et, prononçant une prière passionnée en gaélique, elle la quitta et gravit la colline. Mme Dorriman est rentrée chez elle ; elle se reprochait de trouver du réconfort dans des paroles qui étaient les visions folles d'une femme superstitieuse, mais elle se réconforta effectivement. De nature facilement impressionnée, facilement soutenue et tout aussi facilement abaissée par des influences passagères, la conversation avec Christie l'avait remplie d'une sorte de courage.

Vivre à sa guise et où elle voulait, retourner dans l'ancienne maison dont chaque recoin lui était si cher ! Un tel rêve la remplissait d'un bonheur déraisonnable ; elle étendit les mains comme si elle se débarrassait d'un fardeau, et elle dit doucement, quoique tout haut : « Je le croirai ! Je le crois ! cela m'aidera !

Jean annonça le dîner et fut heureuse de voir sa maîtresse paraître plus brillante et plus heureuse qu'elle ne l'avait été depuis qu'elle savait qu'elle devait quitter Inchbrae. Sa satisfaction fut extrême, car la pensée, assez naturelle, lui vint, que le fait qu'elle aille avec sa maîtresse suffisait à l'expliquer, et elle accomplit scrupuleusement les petits services qu'on lui demandait, avec une attention accrue. Elle avait toujours l'impression qu'elle avait la charge de sa maîtresse – maintenant, elle avait l'impression que, d'une manière ou d'une autre, cette charge était accrue.

La matinée n'était pas prometteuse. Le vent était fort et la pluie, pour cette raison seulement, n'était pas une averse, mais soufflait en rafales intermittentes sur « tous les coins de la maison à la fois », a déclaré Jean. Elle méditait la possibilité de différer le voyage et en parla à Mme Dorriman.

Mme Dorriman se tenait indécisement à l'une des fenêtres lorsqu'une charrette à chiens apparut dans la petite avenue, et un instant plus tard, deux hommes descendirent de cheval, sonnèrent et entrèrent dans la petite salle.

Jean, avec tout l'air d'une dignité indignée, apparut sur les lieux, et fut accueilli par ces mots :

"Nous sommes venus prendre possession pour le nouveau propriétaire ; envoyez quelqu'un faire le tour du cheval et préparer immédiatement le petit déjeuner."

Jean ne se ferait pas confiance pour parler ; elle les dépassa directement jusqu'à la chambre de Mme Dorriman. Elle trouva sa maîtresse pâle mais calme, habillée pour le voyage avec son bonnet. Elle commença à parler mais fut réduite au silence par une main levée.

"Viens, Jean, nous y allons", dit-elle.

Le bruit des deux descendants de l'escalier en bois amena les hommes dans le hall, et le calme pâle de Mme Dorriman les impressionna un peu.

Avant qu'ils aient eu le temps de parler, elle leur a parlé.

« Monsieur, dit-elle en se tournant vers l'aîné des deux hommes, vous êtes ici par ordre de mon frère et non par le mien. Je pars à l'instant, mais je proteste contre la vente de cette place qui est la mienne, et je j'ai l'intention d'y revenir un jour."

La tête légèrement courbée, elle sortit sous la pluie, et avant que les deux hommes eussent pu se ressaisir, elle fut assise dans une voiturette prête depuis quelque temps, et, accompagnée de Jean, elle tournoya bientôt sur la route ; son cœur était si chaud d'indignation que la douleur et le chagrin du départ se confondaient dans ce sentiment.

À la gare se trouvaient les Macfarlane avec de nombreux cadeaux attentionnés pour la pauvre Mme Dorriman, et ce n'est que lorsque le train quitta la gare, pas avant que la dernière vague de mains amicales ne s'estompe au loin, que le courage de la pauvre femme. cède, et que, assise seule, sans aucun regard indiscret sur elle, elle pleure, et la douleur de son cœur s'améliore à mesure que la tension cède la place à ce luxe féminin.

Le voyage était plus pénible que long, il y avait deux ou trois changements, et à une gare, deux voyageurs sont montés accompagnés d'une femme d'âge moyen aux yeux brillants. Au début, Mme Dorriman était trop absorbée par ses propres pensées tristes pour prendre garde à ce qui se passait, mais elle fut enfin réveillée en entendant prononcer le nom de son frère.

"John Sandford apparaît sous un nouveau jour", a déclaré la dame en riant et en montrant une rangée de jolies dents. "J'imagine qu'il adopte deux filles !"

"Je suis désolé pour les filles. Qui sont-elles ?" demanda l'aîné des deux hommes.

"Je n'en ai aucune idée, mais je pense qu'il avait de bonnes raisons de sortir de son chemin habituel."

"Je suis vraiment désolée pour les filles aussi", rit la dame, qui semblait n'avoir jamais connu elle-même le chagrin.

"Ils sont probablement en quelque sorte une charge contre lui. John Sandford n'est pas homme à faire quoi que ce soit pour rien, ce n'est pas dans lui."

Mme Dorriman savait qu'elle devait dire quelque chose, mais elle n'avait littéralement pas le courage de leur lancer une telle déconfiture.

"Il a eu une vilaine maladie, et le médecin pense qu'il pourrait avoir d'autres crises de ce genre. Il ne le considère pas comme l'homme fort qu'il a l'air."

— Alors peut-être qu'il fait quelque acte de charité en guise de compromis avec la Providence, dit la dame ; "tout comme certains hommes qui n'ont jamais été charitables ou qui laissent même simplement leur richesse à une œuvre de charité, comme une sorte de maquillage."

Alors son frère était malade ! C'était peut-être pour cela qu'il l'avait fait venir. Mais les deux filles, qui peuvent-elles être ? Ces deux nouvelles idées qui lui furent si soudainement présentées rendirent Mme Dorriman inconsciente de tout ce qui se passait. Elle aurait des jeunes filles avec elle et ainsi elle ne serait pas seule, et seuls ceux qui l'ont essayé savent à quel point la solitude prolongée est déprimante, en particulier pour quelqu'un qui (comme Mme Dorriman) était par tempérament, l'un des des femmes qui s'accrochent aux autres et pour qui agir et penser par elles-mêmes était un chagrin et une douleur perpétuelles.

De l'égarement de cet avenir qui lui paraissait tellement plus radieux avec ces personnages au premier plan, elle fut de nouveau réveillée en entendant, cette fois, non pas celui de son frère mais son propre nom.

"À propos de Mme Dorriman ; personne ne connaît vraiment le bien-fondé de cette histoire. Dorriman était un homme aussi bon que jamais, et il avait beaucoup d'argent lorsque Sandford a perdu le sien. Comment tout a changé de mains est plus que quiconque ne le sait, mais Dorriman est mort pauvre et Sandford vit riche. Un jour, la vérité sera peut-être connue. »

"La veuve vit, n'est-ce pas ? Je pense que quelqu'un l'a dit", et la dame sourit comme s'il y avait quelque chose d'amusant dans l'existence de Mme Dorriman.

La pauvre Mme Dorriman, reculant et pourtant poussée par le sentiment de son droit de parler, estimant qu'elle aurait dû parler plus tôt, se pencha maintenant en avant et dit de sa voix douce, claire et timide : « Je suis désolé ; j'aurais dû je vous l'ai déjà dit. Je suis Mme Dorriman, je vais chez mon frère M. Sandford.

Puis, avec une couleur plus intense, elle se pencha à nouveau en arrière.

Les trois intervenants, qui étaient un fabricant voisin, sa femme et un ami, furent naturellement interloqués et lui présentèrent de nombreuses excuses.

Alors la dame, une Mme Wymans, dit, avec son sourire habituel :

"C'était vraiment de votre faute ; c'était vraiment très mal de votre part de nous laisser parler, vraiment mal. J'espère que nous n'avons rien dit de mal."

Et Mme Dorriman ne répondit rien. Elle s'inclina légèrement, se sentant trop triste et trop malheureuse pour parler. Oui, comment tout cet argent a-t-il changé de mains ? Comment se fait-il qu'elle soit restée si pauvre et autorisée à dériver là où son frère choisissait de la faire dériver ? Pour la centième fois, cette question, qu'elle entendait maintenant poser d'une voix insouciante par un inconnu, resurgit devant elle. Était-il vrai qu'un jour elle le saurait ? Cette dernière conversation fit passer les paroles de Christie au second plan pendant un certain temps, et lorsqu'elle arriva à la gare, elle se trouva dans tout un tourbillon de sentiments mêlés, dans lequel le doute, le chagrin, l'indignation et l'espoir semblaient tous lutter ensemble.

Jean, serviable et alerte, la vit monter dans un taxi et ses bagages disposés dessus puis lui dit courageusement :

"Seulement pour aujourd'hui. Je viendrai vous voir demain."

Alors le lien entre elle et sa maîtresse parut tout à fait rompu lorsqu'elle la perdit de vue, et, s'asseyant sur son poing, insouciant des regards curieux des « gens libres » parmi lesquels elle était venue, le brave et bon cœur Jean fit irruption dans des larmes amères et *pleurait* , se disait-elle, pour elle-même. Oui, maintenant Mme Dorriman n'était pas là pour le voir, elle pleurerait, cela lui ferait du bien.

Elle était assise sur sa grande boîte – le kist qui contenait toutes ses richesses terrestres –, les larmes coulant sur son visage et son mouchoir de poche enfoncé dans sa bouche, lorsqu'un porteur vint vers elle, trop occupé pour exprimer pleinement sa sympathie, et pourtant avec une certaine gentillesse bourrue qui la réconfortait beaucoup.

"Et où vas-tu, ma belle femme ?" » dit-il, ignorant sagement ses larmes ;
"Vas-tu attendre dans le toon ou vas-tu prendre un autre train ?"

Jean, rappelé à la maîtrise de soi, se leva, et, fouillant dans le sein de sa robe,
où elle gardait son acte de naissance, son argent, ses clefs et autres objets de
valeur, en sortit, après quelques faux essais, l'adresse de la maison. l'endroit
où elle allait, et, en peu de temps, son poing fut lancé et elle le suivit là.

CHAPITRE V.

Entre-temps, si les quatre personnes qui devaient maintenant se rencontrer avaient su quelque chose sur les pensées de chacun, d'une part, elles auraient été épargnées par quelque chose et, d'autre part, elles auraient vu une cause d'inquiétude bien plus grande.

M. Sandford ne savait rien, mais il craignait beaucoup, et lorsqu'il vit apparaître la mouche, il fut lui-même surpris des sensations dont il était conscient.

N'ayant peur de rien en général, il lui était tout à fait incompréhensible qu'il se sente mal à l'aise ; sa sœur avait toujours eu peur de lui, qu'est-ce qui avait changé ?

Pourquoi un regard momentané sur son visage l'a-t-il si dérangé ? Il fallait bien que sa maladie l'affectait encore.

Grace et sa sœur ont vu cela avec des sentiments différents. Grace était résolue à prendre position dès le début, et Margaret était tellement occupée de ses inquiétudes pour sa sœur qu'elle oubliait d'avoir des inquiétudes pour elle-même ; et dans ce petit groupe de personnes, extrêmement intéressées et pleines d'excitation réprimée, entra la petite femme pâle, elle-même consciente de tant d'émotions contradictoires qu'elle n'avait pas beaucoup de place pour une observation aiguë.

"Alors tu es là", dit John Sandford en lui tendant la main. Les baisers entre ces deux-là n'avaient jamais été à la mode ; puis, d'une manière qu'il voulait imposante, mais qui ne réussissait qu'à être pompeuse, il poussa les deux jeunes filles vers elle.

" Là, " dit-il, " allez l'accueillir ; Mme Dorriman, mes pupilles, Grace et Margaret Rivers. "

Grace lui tendit la main, d'un air qui fut entièrement perdu pour Mme Dorriman, qui n'avait conscience que d'un seul désir irrésistible, celui d'aller dans sa chambre et de pleurer sans être remarquée.

Elle était calme parce qu'elle avait acquis, au fil des années, une maîtrise de soi apprise – toute manifestation de sentiments semblait ne faire que la placer au niveau de sarcasme de son frère.

Marguerite, émue au plus profond de son cœur bon et altruiste, jeta un regard engageant à sa sœur, puis se penchant timidement, elle embrassa la joue pâle et dit gentiment quelque chose au sujet du repos et d'une tasse de thé.

Mme Dorriman fut surprise et émue par l'action de la jeune fille, et se laissa emmener à l'étage et s'occuper de sa propre chambre avec un sentiment proche de la gratitude.

Les preuves d'amitié offertes au moment où elle se sentait si désespérée lui vinrent comme un rayon de soleil. La maison, si nue et si désolée par son extérieur, l'avait frappée douloureusement en s'approchant. Sa dernière demeure, avec ses collines boisées et son joli fond de collines, lui était très présente.

Pourquoi, si son frère ne voulait pas d'argent, avait-il vendu la maison ? Il devait sûrement avoir une certaine sympathie pour une maison où tant de générations avaient vécu et sont mortes, et, tandis que son regard contemplait le jardin laid et les rues serrées à quelques pas seulement de sa porte, son étonnement augmentait.

Elle avait conscience d'un profond serrement de cœur lorsqu'elle pensait qu'elle devait probablement passer ici tout le reste de ses jours.

Les paroles de Christie lui revinrent à l'esprit, puis vinrent la réunion à la porte du couloir et la douceur de Margaret.

Oui; c'était pour elle un véritable réconfort, et aucune caresse n'a jamais donné de plus grands résultats ; la goutte de gentillesse, juste au moment où elle en avait tant besoin, s'enfonça dans son cœur. Quels que soient les jours qui lui seront réservés dans le futur, cela restera toujours dans ses mémoires avec gratitude.

La pauvre Marguerite, l'ayant quittée, alla féliciter Grace, comme elle le faisait elle-même, d'une si agréable surprise. Au lieu de la femme désagréable et autoritaire qu'ils s'étaient imaginée, voici une dame douce et timide, qu'il serait facile d'aimer. Pleine de soulagement, elle trouva Grace dans leur propre chambre.

Elle était appuyée contre les volets et ses yeux étaient fixés sur la ville. Margaret savait d'instinct qu'elle était énervée.

« Quelque chose ne va pas ? » demanda-t-elle gaiement en s'approchant d'elle et en lui posant affectueusement la main sur son épaule.

Grace ne répondit rien, mais elle haussa légèrement les épaules et délogea la main de sa sœur.

« Qu'est-ce qui ne va pas, Gracie ? » demanda Margaret avec inquiétude ; "Qu'est-ce que j'ai fait ? Es-tu en colère contre moi, chérie ?"

"En colère contre toi ! oh, mon Dieu, non ! mais tu es vraiment très ennuyeuse, Margaret. Tu me rends la vie ici difficile."

"Je te rends la vie plus difficile !" Et Margaret rougit, en partie parce qu'elle ressentait l'injustice de Grace, et en partie parce qu'elle était à la fois indignée et blessée.

"Comment puis-je remettre cette Mme Dorriman à sa place, alors que ma sœur, ma propre sœur, fait tant d'histoires à son sujet ?"

"Il ne m'est jamais venu à l'esprit qu'elle était une personne que l'on penserait à mettre à sa place."

"C'est justement ce dont je me plains."

"Elle me semble si douce et si timide. Je pense qu'il lui sera plus difficile de prendre position que vous ne le pensez. Je ne peux pas imaginer qu'elle vous dise jamais quelque chose qui ne vous plaise pas."

« Si elle le fait, je lui ferai bientôt connaître mon opinion à son sujet ; mais vous avez entendu ce que M. Sandford a dit, et je me méfie de ces femmes tranquilles. J'ai l'impression qu'elle pourrait être aussi obstinée que possible. lèvre?"

"Tu es tellement plus intelligent que moi, chérie, et tellement plus rapide. Non, j'ai seulement vu qu'elle avait très envie de venir ici, elle avait l'air prête à pleurer."

"Eh bien, Margaret, si vous vous croyez plus sage que moi, j'y renonce. Comme je l'ai déjà dit, faire des histoires à son sujet dès le début rend mon rôle beaucoup plus difficile; et après toutes vos déclarations violentes, cela semble difficile. qu'à la première occasion, vous me laisserez tomber et vous adopterez votre propre ligne.

Pauvre Marguerite ! Même si ce n'était pas la première fois que Grace l'accusait d'avoir dévié de son allégeance, c'était la première fois qu'une telle accusation était formulée sur des bases aussi graves.

Des larmes très réelles brillaient dans ses yeux doux alors qu'elle tendait la main à sa sœur et dit :

" Que veux-tu que je fasse ? Que puis-je faire pour te plaire ? "

"Pour me faire plaisir ! Rien ; seulement pour ton propre bien, Margaret, pour être un peu conséquente, tu n'as pas besoin de te déchaîner sur elle et de faire semblant de l'aimer avant de savoir si elle est pour nous ou contre nous."

Elle se détourna et commença à changer de robe, la tête haute, ne pardonnant pas encore. Margaret avait l'impression que le luxe des larmes serait un soulagement, mais elle pensait qu'elle ferait un effort supplémentaire pour regagner la cordialité de sa sœur.

"Je suis sûre", commença-t-elle, tandis que ses lèvres tremblaient nerveusement, "je ne veux rien dire. J'étais désolée pour elle et j'ai montré que je me sentais désolée, mais je pense que je la détesterai si sa venue doit faire des différences entre nous."

"Cela ne fait aucune différence si vous êtes seulement fidèle à moi", dit Grace fermement. "Laisse-la tranquille et surveille-moi, et tu pourras faire ce que je fais."

"Je ne pourrai jamais", a plaidé Margaret. "Et oh ! Grace, parfois, quand tu es dédaigneuse, j'ai l'impression que je dois aller consoler. Tu ne sais pas à quel point c'est dur pour les gens quand tu te redresses et dis quelque chose de tranchant. Je me sens toujours tellement désolé pour qui que ce soit."

"Tu es une petite oie", dit Grace fondant un peu à cet hommage à son pouvoir, "tu exagères tout chez moi."

Mais elle ne le pensait pas.

Elle entoura sa sœur de ses bras avec un geste protecteur dont elle-même n'avait pas conscience, et se précipita pour se préparer pour le dîner, d'une manière que Grace Rivers n'aurait guère pu faire quelques jours auparavant. En tout cas, elle avait appris une leçon : ne pas être en retard pour tout ce qui concernait M. Sandford.

Les deux filles entrèrent dans le salon seulement au moment où le dîner fut annoncé par une petite cloche insignifiante, et M. Sandford partit avec sa sœur.

La plaçant au bout de la table, il dit de sa manière la plus pompeuse : « Je souhaite que vous soyez la maîtresse de ma maison et que tous vous considèrent sous cet angle », et il regarda autour de lui comme si beaucoup étaient là pour entendre ça, et pas seulement deux filles qui l'ont déjà compris.

Mme Dorriman, consciente d'une action contraire à ses souhaits, restait silencieuse, se sentant comme une traîtresse ; jamais il n'y a eu quelqu'un de plus tourmenté par elle-même, de plus sensible à tout ce qu'elle faisait, que cette pauvre dame. Elle s'inquiétait perpétuellement des bagatelles qu'elle aurait pu, ou dû, faire ou laisser de côté, et ce n'était pas une bagatelle ; même si elle ne pensait pas que sa présence dans la maison de son frère et son arrachement de sa petite maison étaient dus à la couleur et à l'agitation qui avaient trahi à son frère qu'elle connaissait les papiers qu'il souhaitait posséder.

Elle se réveilla au bout d'un moment et fut alors pour la première fois consciente du changement d'attitude de Margaret.

Toute la douceur et la gentillesse qui avaient tant réjoui son arrivée et atténué la douleur de son arrivée avaient disparu et étaient remplacées par une froide indifférence – qui était la seule manière possible pour Margaret de ne plus être différente d'elle-même.

La pauvre Mme Dorriman s'imaginait qu'elle avait quelque part une faute et se reprochait son abstraction, mais ses efforts étaient tout à fait vains : la seule préoccupation de la jeune fille était de prouver sa loyauté et son allégeance à sa sœur. Elle était consciente d'un sentiment naissant d'affection pour la petite femme qui était assise, pâle et douce, en face de la silhouette massive de M. Sandford. Elle avait senti ses bras s'agripper à elle, et ce sentiment avait été de réconfort et de sympathie, mais Grace en avait décidé autrement, et la parole de Grace était sa loi.

Jamais, peut-être, nous n'avons assis ensemble quatre personnes dont les pensées étaient de nature si différente ; quand quatre personnes vivent ensemble, en général, il y a en tout cas un lien d'union, un intérêt dans lequel, si divergentes qu'elles soient dans leurs pensées à son égard, il forme enfin quelque chose de commun : ici il n'y avait rien !

M. Sandford, qui était autrefois un observateur avisé, n'a rien remarqué cette nuit. Le visage de sa sœur en face de lui l'affectait étrangement. Personne ne lui avait fait autant face depuis la mort de sa femme, et il était si occupé à parcourir le long horizon des années et à voir la seule créature qu'il avait toujours aimé, le regardant depuis le passé, qu'il mangeait machinalement et ne mangeait pas. parler.

Enfin, il se réveilla et s'adressa à Mme Dorriman : « J'espère que vous mettrez les choses en ordre », dit-il brusquement ; " Si la cuisinière ne peut pas faire mieux que cela, vous devez la changer. Je me tourne vers vous. Je ne suis pas un homme délicat, mais je paie pour le meilleur et j'ai l'intention d'avoir le meilleur. "

"Et je ferai de mon mieux", dit doucement Mme Dorriman.

"Tu devrais être au courant. Je ne sais pas comment cela s'est passé, mais il y avait un certain réconfort dans l'ancien endroit, et je suppose que tu as quelque chose à voir avec ça."

"Bien sûr, j'ai vu des choses. Je ne sais pas si elles étaient très confortables."

"Ils l'étaient", dit-il avec insistance, "et vous constaterez qu'ils veulent faire du bruit dans cette maison. Le matin où je suis tombé malade, personne ne s'est levé du lit. J'ai sonné et sonné et seule une misérable fille a répondu. Vous Je dois changer tout cela. J'attends de vous que tout le monde soit en ordre, et en bon ordre aussi, et, ajouta-t-il en regardant autour de lui, non pas vers les filles, mais bien au-dessus de leurs têtes, si quelqu'un leur pose problème, il s'en va. !"

Mme Dorriman sentit son cœur se serrer. L'ancienne manière, la vieille façon dure d'établir la loi, lui rappelait des moments où, presque dans ces mêmes mots, elle avait lu des changements déplaisants et malheureux pour elle ; quelque chose de ce sentiment d'impuissance de son enfance lui est revenu, lorsqu'elle avait dû lutter sans soins ni affection, lorsque sa nourrice avait été bannie, et qu'elle avait dû mettre ses vêtements et faire tout cela pour elle-même, jusque-là. , avait été fait par des mains aimables. Car, même si nous vivons pour pardonner de nombreux torts et que le temps adoucit nos regrets et atténue nos sensibilités, il y a deux choses que nous pouvons apprendre à pardonner, mais que nous n'apprenons jamais à oublier : un tort qui nous a été fait dans l'enfance. quand nous étions trop impuissants et trop jeunes pour nous protéger, et une blessure à notre amour-propre plus tard dans la vie.

Il y eut un silence prolongé, qui devint enfin remarquable. Alors Grace, estimant qu'il lui appartenait de montrer combien peu la portée des paroles de M. Sandford l'affectait, dit d'un ton léger :

"Avez-vous déjà vu des gens ici, M. Sandford ?"

"Voir les gens !" répéta-t-il ; "Vous pouvez voir beaucoup de monde chaque fois que vous regardez par la fenêtre. Voir des gens ! pourquoi ce serait un endroit plus agréable s'il n'y avait pas autant de monde à voir."

"Bien sûr, je ne veux pas dire dans ce sens", dit Grace avec dignité; "Je veux dire, est-ce que les gens appellent ici ?"

"Je suis sûr que beaucoup de gens vont appeler maintenant", dit-il avec une fausse solennité qui la captura pour le moment, alors qu'il lui faisait une révérence à l'ancienne dans sa direction.

Grace se retint un peu ; son influence commençait à se faire sentir même sur cet homme rude, pensait-elle.

"Je ne suis pas sûr que les appelants soient juste dans votre ligne", a-t-il déclaré après une pause momentanée. "Certains sont, je doute, en dessous de votre niveau, et d'autres me semblent bien au-dessus."

"Personne ne peut être au-dessus du niveau de Grace," s'exclama Margaret, "elle est si intelligente, et..."

« Eh bien, dit-il, j'aimerais que tout le monde ait un si bon trompettiste, mais Grace n'a rien de très merveilleux : je n'ai vu aucune preuve de son intelligence. Allons, Margaret, que peut-elle faire ? une couture, tricoter un bas, consacrer sa main à n'importe quelle chose utile, hein ?

"Grace pourrait faire tout ce genre de chose si elle le voulait."

"Alors elle ferait mieux d'essayer ; c'est pire d'avoir des talents et de les laisser oisifs que de naître sans."

"Si c'est nécessaire", dit Grace, parlant toujours d'un ton mesuré. "Je pense que je pourrais faire ces choses. Je ne pense pas que tricoter un bas nécessite beaucoup d'intellect, je dois le dire."

"Mais cela demande de l'industrie, et je pense que vous n'êtes pas travailleur; cependant, ma sœur, Mme Dorriman, s'occupera de ce que vous devez faire," et, se levant de sa façon brusque habituelle, il quitta la pièce, laissant Grace dans un état d'esprit difficile à décrire.

Le lendemain, le petit-déjeuner terminé, Mme Dorriman alla voir le cuisinier, extérieurement calme mais intérieurement avec une très grande appréhension.

Elle-même était une de ces personnes tranquilles qui ont un génie pour la gestion du ménage, et elle avait cette heureuse absence d'irritabilité et d'anxiété envers le dominateur, qui gagne sa propre voie sans aucune agitation violente.

Mme Chalmers, pendant quelques années si entièrement sa propre maîtresse, était aussi prête à s'enflammer qu'un feu bien allumé. Elle était bien décidée à une chose : si elle était gênée, elle partirait. Elle appréciait sa place, ou plutôt l'avait appréciée, parce qu'elle était entièrement sa propre maîtresse, libre de se lever, de sortir et d'entrer sans aucune autorisation ni entrave de personne. La présence de ces personnes ne la dérangeait pas, car le travail supplémentaire incombait davantage à son subordonné qu'à elle-même, mais elle ne voulait pas d'interférence.

Elle avait mis sa plus belle casquette et son plus beau tablier, prête à être convoquée, et elle allait alors abandonner son esprit, peut-être démissionner de sa place ; mais, au lieu d'être convoquée, Mme Dorriman descendit, l'air si calme et pourtant si évidemment résolue à faire ce qu'elle sentait être juste et avec un air si amical et si poli, que les genoux inhabituels de Mme Chalmers plièrent, et avant elle eut le temps de prendre position, elle parlait respectueusement à Mme Dorriman et visiblement soucieuse de lui plaire.

Mme Dorriman a vu toute la partie basse de la maison. Quel contraste elle trouvait avec les larges passages et les grandes pièces de l'ancienne maison. Elle lui fit des éloges, demanda à Mme Chalmers de proposer le dîner, fit quelques suggestions et monta à l'étage, laissant Mme Chalmers confortablement convaincue qu'elle n'avait pas besoin de céder sa place - en fait, désireuse de se surpasser et de plaire à la nouvelle maîtresse. .

Tel est le charme des manières, même pour ceux qui ne comprennent pas du tout pourquoi ils sont charmés ni de quelle manière cela les affecte.

L'étape suivante de Mme Dorriman exigeait beaucoup plus de courage. Elle pensait que Margaret, à seize ans, n'aurait pas pu terminer ses études, pour reprendre l'expression stéréotypée : quand notre éducation est-elle terminée ? Elle appela la jeune fille et commença, d'une voix basse qui, pour un observateur attentif, aurait trahi un effort et une grande timidité, lui parler de son travail et de ses heures de repos.

"Vous êtes jeune pour avoir quitté l'école ; trop jeune pour abandonner un travail stable", dit-elle doucement ; "on en parle ensemble ?"

"Grace en sait tellement. Grace peut m'aider", dit Margaret, terriblement encline à cette gentille femme et retenue par les paroles de sa sœur.

"Grace a-t-elle un projet ? Supposons que vous l'appeliez", dit doucement Mme Darriman.

"Grace", commença-t-elle, "à propos de Margaret; vas-tu lire avec elle, as-tu fait un projet? Parce qu'elle est trop jeune, et, en effet, tu es trop jeune, pour arrêter tout travail."

toujours été la première de ma classe ", dit Grace en se hérissant, "vous pouvez me laisser cette question en toute sécurité. Je pense qu'il est tellement préférable, Mme Dorriman, de vous faire comprendre immédiatement. que ni Margaret ni moi ne supporterons aucune ingérence.

"Je crains que, sans ce que vous appelez une interférence, je ne puisse pas faire mon devoir", dit Mme Dorriman doucement, mais avec une rougeur sur son visage pâle qui montait et s'éteignait immédiatement. " Que faites-vous le matin ? Nous ne nous connaissons pas, ma chère Grâce ; nous devons vivre ensemble ; ne serait-ce pas pour notre confort et notre bonheur mutuels si nous acceptions d'essayer de nous aimer ? "

Grace était un peu émue par cet appel, mais elle n'avait pas l'habitude d'être mise en tort et ne pouvait pas accepter la situation avec grâce.

"Il n'y a rien d'autre que cet horrible vieux piano aux touches qui tintent. Je ne peux pas jouer dessus, ou je devrais jouer pour vous."

Mme Dorriman s'y dirigea, l'ouvrit et toucha quelques cordes ; ils ont répondu par de dures discordes. Elle baissa le couvercle avec un petit soupir, la musique était pour elle une seconde nature.

"Non, vous ne pouvez pas jouer avec ça", dit-elle, "mais avec des livres. Quels livres avez-vous tous deux lus ? Aimez-vous lire ?"

Grace et Margaret se regardèrent. Quelques pages d'histoire chacune, lues comme une tâche ; quelques biographies de gens excellents comme lecture du dimanche ; quelques extraits poétiques appris par cœur : c'était la somme de leurs connaissances, tout le reste, dans leur esprit vide, n'était qu'un gaspillage stérile.

"Si vous m'aidez à déballer mes livres, nous trouverons peut-être quelque chose que nous aimerions lire ensemble", a déclaré Mme Darriman ; « et si tu veux prouver à mon frère que tu es travailleur, ajouta-t-elle en riant un peu, nous pourrons facilement nous procurer de la laine et fabriquer un bas.

Margaret regarda sa sœur avec un peu d'impatience ; elle était justement à l'âge où la régularité de la vie scolaire lui manquait et où le temps lui pesait lourdement. Le nouveau sentiment d'intérêt et d'occupation manifesté par Mme Dorriman était très agréable et lui donna le premier sentiment de foyer qu'elle éprouva dans cette maison.

Mais un nouveau regard vers Grace la fit reculer, et elle dit avec une certaine hésitation qu'il serait bien de déballer les livres, et fit appel à Grace pour obtenir un signe de consentement.

Grace, cependant, n'était pas d'humeur à se réjouir d'une quelconque suggestion de la pauvre Mme Dorriman, et, marmonnant quelque chose au sujet d'avoir quelque chose à faire dans sa propre chambre, elle s'en alla seule, dans un silence majestueux et de très mauvaise humeur.

Mme Dorriman ouvrit la voie à sa chambre à l'étage ; où, selon son souhait, ses lourds bagages avaient été placés, et les couvercles étaient dévissés, et ils se mirent au travail en faisant leur esprit doucement mais très lentement, car la jeune fille ouvrait plusieurs volumes et désirait connaître l'histoire de chacun. Mais elle en savait trop peu pour s'intéresser, vraiment s'intéresser à quoi que ce soit. Grace aurait caché son ignorance et simplement tout passé sous silence, mais Margaret était plus naturelle, et Mme Darriman était tour à tour étonnée et amusée. La jeune fille semblait n'avoir entendu parler de personne et en savoir si peu sur tous les sujets imaginables que, de temps en temps, ses questions étaient absolument ridicules.

Une édition rare de Spenser, superbement reliée, a été manipulée avec respect par Mme Darriman. C'était l'un des livres préférés de son père, et M. Darriman l'avait fait rééditer pour elle.

"Qu'est-ce que c'est?" » demanda Margaret très innocemment ; "Oh, je vois, l'homme qui a écrit ce qu'on appelle l'écriture en lettres noires."

"Ma chère", dit Mme Dorriman, étonnée, "on ne peut sûrement pas vous avoir appris cela."

"Eh bien, il y a quelque chose de drôle dans son écriture, donc essayer de le lire ne servait à rien."

« J'espère vous convaincre du contraire », dit Mme Dorriman avec une gaieté réprimée ; Pour rien au monde, elle n'aurait blessé les sentiments de la jeune fille en se moquant d'elle, et Margaret s'en alla.

Puis elle se voyait certainement plus instruite, mais très ignorante encore à l'âge de dix-sept ans, si concentrée sur elle-même et sur ses propres ressources pour tous les divertissements et le bonheur, se tournant vers ces livres et se perdant dans une joie silencieuse comme un trésor. les uns après les autres s'ouvrirent à ses yeux ravis.

Son mari, lui-même passionné de lecture et soucieux de gagner son amour par tous les moyens, avait dépensé beaucoup d'argent pour remplir sa bibliothèque de livres. Elle avait des éditions inestimables de divers auteurs anciens, et la collection la plus parfaite possible d'œuvres poétiques, y compris beaucoup de ces tendres poètes français auxquels, de nos jours, il est si facile d'emprunter sans se faire remarquer, tant elles sont complètement dépassées et oublié; et, qui vivent séparés de leurs semblables, semblent avoir gardé leurs vieux mots et leurs sentiments chevaleresques purs et libres de la mondanité et de la grossièreté de leur temps.

Mais la voix de Grace la rappela au présent, puis elle regarda autour d'elle pour voir où elle pourrait ranger ses livres. Il n'y avait qu'une seule petite bibliothèque dans sa chambre. Elle le remplit puis se rendit au salon pour voir ce qu'on pouvait y faire.

Elle trouva Margaret en larmes et Grace l'air rouge et provocante.

Mais elle avait décidé de ne pas prêter attention à tout ce qui ne la concernait pas immédiatement, et Grace quitta la pièce.

Soulagée de ne pas avoir reçu d'explications, Margaret se replongea dans le vif du sujet. Les étagères, presque vides, furent bientôt confortablement remplies, puis Mme Dorriman, qui avait un heureux don d'arrangement, déplaça les tables et les chaises, fit un coin confortable pour son frère et donna un air de maison à la pièce. dont il avait cruellement besoin, à ce moment-là la matinée était passée.

Dans l'après-midi, Mme Dorriman souhaitait aller voir comment Jean se portait ; mais elle ne voulait pas s'écarter si les filles voulaient sortir avec elle.

Cependant, avant de se lever pour les retrouver, elle entendit la porte du couloir se fermer et elle les vit marcher dans l'avenue.

« Ils m'auraient peut-être dit quelque chose », pensa-t-elle, mais elle comprit immédiatement qu'il s'agissait là d'une autre protestation de Grace contre toute « ingérence ».

Elle s'en alla elle-même, non fâchée d'être seule, sentant la misère des rues étroites qu'elle traversait, comme tous les gens facilement impressionnés par l'absence de toute beauté dans la vie. Elle compatissait pour les pauvres êtres humains qui travaillaient si durement pour mener une existence aussi simple et sans beauté. Les maisons grises avec leurs portes sales et mal entretenues, et les « escaliers communs », sur lesquels marchaient tant de pieds fatigués. Devant, un peu de boue foulée et un ruisseau noir, dans lequel pagayaient des canards sales et des enfants plus sales. Son moral tombait de plus en plus bas. Enfin, elle arriva à l'adresse que Jean lui avait donnée, et une jeune fille à la tête choquée lui demanda de « monter l'escalier », sans aucun effort de propreté, « occupée », et imaginant évidemment que c'était là une excuse suffisante. pour tout mépris de l'apparence.

Jean, propre, soigné, mais avec des yeux qui racontaient leur propre histoire de pleurs, récurait un parquet ; peu habitués à un pareil traitement, les volets et les boiseries brillaient tous, et le parquet était presque terminé. C'était une de ces pièces, mi-cuisine, mi-chambre, qu'on trouve dans les villes où la surpopulation est la règle. La fenêtre était petite et haute ; pire encore, elle ne pouvait pas s'ouvrir.

"Et c'est là ta situation ? C'est là que tu venais, mon pauvre cher Jean ?" » demanda Mme Dorriman d'un ton hésitant.

« En fait, ma chère, je peux juste dire que, sans vanité, je pourrais obtenir de l'argent par situation ; mais je travaille ici comme femme de ménage pour deux garçons – un parent de moi, ma chère. Personne pour me presser ou me gêner, et peu à faire. Si peu que je serai souvent déprimé pour vous.

Elle parlait légèrement, craignant de céder. La vue de Mme Dorriman lui rappela toutes ses propres appréhensions de la veille ; quand elle s'était retrouvée dans une pièce sans air, avec rien d'autre que de la crasse et de la crasse autour d'elle, et pas un « visage de Kent » près d'elle.

Mais Mme Dorriman ne doit jamais savoir qu'elle a fait un sacrifice pour être près d'elle ; et avec une belle tentative de rire, elle dit :

"Vous savez, ma chère, j'ai toujours été malade de commander. Mieux vaut cela que d'être sous une maîtresse qui pourrait être une maîtresse plus difficile que jamais."

Mme Dorriman ne pouvait pas parler. Elle regarda autour de la pièce pour voir de quelle manière elle pouvait contribuer à rendre les choses confortables. Elle décida qu'il fallait faire quelque chose aux fenêtres et elle remarqua d'autres choses. Mais le sentiment qui prédominait dans son esprit était que cela ne durerait pas longtemps. Jean et elle, ils reviendraient bientôt ensemble vers la colline.

"Et es-tu heureuse ? Es-tu à l'aise, ma chérie ?" demanda Jean, comment ça va ?

"Je suis à l'aise, Jean, et j'ai tout pour me mettre à l'aise ; mais, comme toi, les grandes collines violettes, la vie et la lumière de la mer, la liberté et la luminosité d'Inchbrae me manquent."

"Et pourtant vous parlez gaiement, ma chère;" et la pauvre femme regardait avec nostalgie son ancienne maîtresse.

"Je parle gaiement, Jean," et Mme Dorriman se leva et posa sa main caressante sur l'épaule de la vieille femme, "parce que, Jean, le jour le plus sombre et le plus long touche à sa fin ; toi et moi retournerons à la lumière et au soleil. Nous y retournerons, Jean, encore.

— Mais la maison est vendue ; elle est passée entre les mains d'un étranger, dit la vieille femme étonnée.

"Nous y retournerons", dit fermement Mme Dorriman. "Oui, Jean, cet espoir m'empêche de désespérer; cette conviction me réconforte. Nous retournerons à Inchbrae une fois de plus", et en disant cela, elle la quitta.

CHAPITRE VI.

Malgré beaucoup d'opposition ouverte de la part de Grace, Margaret, pleine de l'enthousiasme d'une jeune fille dont l'intelligence, après avoir été longtemps à l'étroit, trouve soudain un exutoire, se lança de bon cœur dans un cours systématique de véritables études, et les matinées s'envolèrent. agréablement. Mme Dorriman, qui avait beaucoup lu pendant les heures de solitude qu'elle avait passées, avait théorisé à la manière des lecteurs solitaires. Sa vision de la vie n'était pas anormalement entièrement pessimiste, elle rejetait de nombreuses idées élevées et grandes par aversion pour ce qu'elle considérait comme une exagération. Son caractère était très loin d'être ferme, et elle en était consciente ainsi que d'autres défauts, mais sa douceur de caractère l'empêchait de s'aigrir. Elle avait soif de bonheur, sans croire que cela lui soit possible. Son moral était toujours bas, et les effets de la dureté de son frère et de la négligence dont elle avait souffert dans sa jeunesse la poursuivraient probablement toute sa vie et l'affecteraient maintenant.

Elle portait cette négation de l'espérance jusque dans ses exercices religieux, trouvant du réconfort principalement dans les passages sur la résignation ; et, même si elle croyait vaguement qu'elle pourrait avoir dans l'avenir une part de bonheur, elle ne s'y attendait pas de ce côté-ci de la tombe.

Puis une autre question, des plus terribles, la troubla beaucoup. Elle n'attendait pas avec une profonde joie la perspective de retrouver son mari à qui elle avait pardonné, mais qu'elle n'avait jamais aimé.

Cet espoir qui comble le gouffre entre nous et l'avenir n'est pas toujours le réconfort qu'il est censé être, et en fait, on peut en dire beaucoup sur son manque de sagesse lorsqu'elle s'attarde sur des problèmes qui doivent rester sans solution.

Elle était trop timide pour accepter ses peurs et montrer ses angoisses à quiconque capable de l'aider. Elle avait conscience de se sentir déloyale envers son mari dans cette affaire, qui était souvent pour elle une épreuve, et elle se livrait parfois à des spéculations qui la troublaient et ne tendaient pas à la réconforter.

Pauvre femme! Lorsque Margaret lui a posé ces questions pointues communes aux filles qui ont commencé à réfléchir et qui ont besoin d'aide, elle a lu et relu divers auteurs pour arriver aux conclusions précédentes insatisfaisantes. A cet égard, l'association ne produisit pas grand bien d'un côté ou de l'autre, mais, à part cela, les résultats devaient rendre les deux plus heureux.

Mme Dorriman, mariée si jeune qu'elle était à peine sortie de l'enfance, avait la ténacité d'opinion et le fort parti pris en faveur de ses propres conclusions que l'on retrouve toujours là où l'esprit s'est arrêté sur lui-même et n'a pas été élargi par la friction avec l'esprit. d'autres esprits, préjugé qu'aucune lecture ne tend à modifier, puisque chaque livre est lu et digéré, presque on pourrait dire déformé, par les vues portées sur lui, un mode de lecture qui peut être comparé à regarder un livre brillant. et un jour de pluie à travers le même verre enfumé qui donne à chaque chose sa propre teinte. Mais l'exception même qu'elle faisait parfois servait à éveiller les propres pouvoirs de pensée de Margaret et à la faire réfléchir sur les raisons pour lesquelles elle aimait ou n'aimait pas les opinions, ainsi que sur le langage dans lequel ces opinions lui étaient présentées. De nombreuses belles phrases tombaient en morceaux lorsqu'elles étaient traitées de cette façon, et de nombreux poèmes charmants devenaient bien plus pour elle lorsqu'elle suivait une pensée qui s'y dessinait.

Grace ne pouvait en réalité rien faire pour arrêter cette lecture, et, bien qu'elle fît d'abord beaucoup d'observations amères, elle n'avait pas le cœur de détruire le confort de sa sœur ces matins-là ; et en effet, à certains moments, quand sa propre oisiveté devenait oppressante, elle allait s'asseoir avec eux, conservant son indépendance en ne faisant aucune remarque, se tenant pour ainsi dire à l'écart et ne prenant part à aucune discussion, comme si son propre esprit l'avait fait. avait été inventée depuis longtemps et que ces questions avaient été abordées et réglées par elle depuis longtemps.

Mme Dorriman, qui était toujours plus timide lorsque Grace était présente, était toujours soulagée lorsqu'elle ne se présentait pas, puis se prenait à partie pour le soulagement. Il ne faisait aucun doute que Mme Dorriman apportait un grand plus de confort à l'endroit, tout était bien entretenu, et M. Sandford reconnaissait qu'il en était ainsi, sans savoir exactement de quelle manière un changement avait été apporté.

La seule personne agitée et insatisfaite était toujours Grace. La monotonie des journées lui devenait absolument terrible. Elle avait tout l'inconfort de s'être placée au sommet sans aucune foule admirative pour compenser son isolement. C'était difficile pour elle de redescendre. Les avances d'amitié et d'affection offertes avaient été faites en vain par Mme Dorriman et maintenant aucun effort n'était fait. L'épreuve la plus dure de toutes fut peut-être la perte perceptible de l'admiration aveugle de sa sœur pour tout ce qu'elle disait. Pour Margaret, Grace était toujours belle, gracieuse et pleine de talents, qui n'avaient besoin que d'une reconnaissance pour éblouir le monde ; mais elle commençait à penser qu'il était tout simplement possible que Grace ne comprenne pas très bien les choses qui la concernaient ainsi que Mme Dorriman ; et au lieu d'accepter ses conclusions, comme elle l'avait fait toute sa vie, sans aucun doute, elle commença maintenant à s'efforcer de discuter avec elle, et bien que Grace l'accable par un flot de langage et la fasse taire, elle resta sceptique et Grace elle-même le savait. . Ce changement, cette perte d'allégeance, furent imputés à Mme Dorriman, et quand les occasions se présentèrent, on dit beaucoup de choses à cette pauvre dame, ce qui la blessa grandement, sur la façon de monter les sœurs les unes contre les autres.

Il y avait des moments où Grace arpentait sa chambre avec une frénésie d'impatience. Sa vie lui échappait, pensa-t-elle, et il n'y avait aucune rupture, rien en vue. À quoi bon être ce qu'elle était – apte à régner – alors qu'il n'y avait pas de royaume ? Ses dons – car elle croyait en ses dons – étaient-ils tous inutiles pour elle ?

Ils étaient ensemble depuis quatre mois maintenant ; elle avait vu la neige devenir noire, charbonneuse et perdre sa beauté sous l'influence de la fumée. Une demi-douzaine de personnes avaient appelé, mais elles sont venues voir Mme Dorriman. En mille petites choses, elle se trouva sans importance. Ce n'était pas son domaine naturel et elle aspirait à quelque chose dans lequel ses mérites seraient reconnus. Une grande partie de son mécontentement était entièrement inconnue de Mme Dorriman, mais elle avait un cœur si bon qu'elle désirait ardemment donner à la jeune fille un peu d'intérêt pour la vie. C'était triste de la voir jour après jour plus ennuyée, plus apathique et plus mécontente.

"Ne viendras-tu pas m'aider à faire le ménage avec moi, Grace ?" dit-elle un matin en la voyant, sans même faire semblant d'avoir un livre à la main, se jeter sur une chaise longue, l'air comme d'habitude ennuyé et ennuyeux.

"A quoi cela servirait-il ?" » demanda Grace, surprise par l'invitation.

"Je pense qu'une notion d'entretien ménager est une chose très utile. Vous aurez peut-être votre propre maison un jour."

"Quand ce jour viendra, je l'apprendrai peut-être. Il n'y a pas grand chose à apprendre, je suppose : n'importe quelle personne intelligente peut commander un dîner."

Mme Dorriman n'en dit pas plus.

Grace était plutôt surprise que Mme Dorriman aimait tant aller en ville et aimait évidemment y aller seule. Qu'est-ce qui l'a amenée là-bas ? L'oisiveté étant mère de la curiosité aussi bien que des méfaits et autres choses, elle ne se reposa jamais jusqu'à ce qu'elle s'aperçoive qu'elle allait toujours dans une rue particulière et dans une maison particulière.

Sans méfiance, Mme Dorriman eut l'impression qu'une bombe explosait sous ses pieds lorsque Grace dit au dîner :

"Comment s'appelle la personne que vous allez voir chez Baxter's Houses, Mme Dorriman ?"

La pauvre femme rougit et regarda nerveusement son frère en répondant :

"Un de mes vieux serviteurs, si vous voulez savoir."

Son teint et sa nervosité donnèrent à Grace l'impression qu'il y avait quelque chose de plus derrière elle, alors elle dit en riant :

"Tu dois lui être très attaché puisque tu sembles aller la voir tous les deux jours."

La pauvre Mme Dorriman était prête à pleurer devant la soudaineté de l'attaque. Elle répondit à quelque chose à voix basse, que personne n'entendit, mais elle n'avait besoin d'aucune défense. M. Sandford, habituellement absorbé par son dîner et prenant une petite part à la conversation, leva vivement les yeux lorsque Grace posa la question, et lorsqu'elle affirma que les visites étaient si fréquentes, il reçut un certain choc. Une vieille servante, qui était-elle ? Mais il n'allait pas laisser sa sœur intimider quelqu'un d'autre que lui-même, et il tonna d'une gifle emphatique sur la table :

"Qu'est-ce que cela vous fait, je voudrais savoir, à qui ma sœur rend visite ou ne vient pas ? Je trouve très impertinent et déplacé que vous lui parliez ainsi ; et je vous en veux," dit-il en se tournant vers son sœur, "pour l'avoir laissée prendre le dessus; tu devrais la garder au sol, tu devrais la garder à sa place."

Grace se leva, blanche de colère. Margaret, tremblante, se leva aussi.

"Asseyez-vous tous les deux", dit-il d'un ton qui les impressionna tous les deux, et ils s'assirent. Quand ils quittèrent finalement la pièce, Grace se rendit dans sa chambre et Margaret la suivit pour la consoler.

Mais la consolation n'était pas si grande parce que Margaret, tout en pleurant sa blessure, ne pouvait pas penser qu'elle avait raison et était beaucoup trop honnête pour le dire ; et pour sa sœur, aucune consolation ne pouvait venir si elle n'était entièrement placée dans la position d'une martyre blessée.

Entre-temps, M. Sandford fit venir Mme Dorriman. Il ne pourrait pas être heureux avant de lui en avoir parlé. Il n'a pas choisi qu'elle soit victime d'intimidation, mais il n'a pas non plus choisi qu'elle ait à portée de main de vieux serviteurs et des personnes dans son intérêt.

"Qui est cette personne qui vit ici et qui est en votre confiance ?" » demanda-t-il brutalement.

"Ma vieille fille, Jean."

"Qu'est-ce qui t'a poussé à l'amener ?"

"Je ne l'ai pas amenée ; mais, à supposer que je l'aie fait, si je ne l'ai pas amenée chez vous, cela n'a pas d'importance."

"C'est important, parce que vous respectez ostensiblement mon souhait, mais, en réalité, vous vous y opposez."

"Je ne prétends pas vous comprendre", et l'esprit de Mme Dorriman s'est relevé. Cela allait trop loin. "Vous détruisez ma maison, vous m'amenez ici, vous me privez du confort de mon serviteur personnel - et à quoi bon ? A quoi sert ma présence ici ?"

"Bien sûr, vous ne pouvez pas comprendre. Vous ne pouvez pas vous permettre une maison séparée. Il y a certains papiers que votre mari possédait, qui auraient pu rendre tout différent. Vous *pourriez*," et il la regarda avec sérieux et anxiété, "avoir trouvé des reçus et être dans une meilleure situation. mais il faudrait que tout vous soit expliqué, et, après tout ce qui s'est passé entre moi et votre mari, il vaudrait mieux ne pas laisser entrer un étranger.

Mme Dorriman a rétréci. Elle aussi avait cette peur ; mais nous nous disons une chose que nous ne pouvons supporter de mettre en mots, et maintenant c'était terrible pour elle d'entendre cela. Son esprit mourut à nouveau et elle dit, impuissante :

"Je ne peux pas renoncer à voir Jean."

"Comment est-elle venue ici ?"

"Quand je lui ai dit que vous ne voudriez pas, ne pouviez pas l'avoir ici, elle n'a rien dit, mais elle a cherché et trouvé une situation ici. Elle a été malade, et elle n'a eu aucun réconfort ; et je *dois* la voir !"

Il y eut une pause. Mme Dorriman regarda son frère avec inquiétude. Il réfléchissait visiblement à quelque chose. Enfin il rompit le silence :

"Quel est le lien entre vous ?" » demanda-t-il brusquement. « Est-ce qu'elle s'occupe de certaines de vos affaires ?

"Des choses!" dit-elle, surprise. "Non. Pourquoi, la pauvre, où pourrait-elle les mettre ? Non, elle n'a aucune charge sur quoi que ce soit ; et le lien qui nous unit n'est que le lien d'un long service et d'une grande fiabilité. Vous êtes un homme riche, mon frère, et vous pouvez commander. services; mais être pauvre et être seul, c'est savoir ce qu'est un service fidèle rendu par affection.

"C'est une idée géniale", répondit-il; " C'est le genre de chose que le médecin a dit. Je n'ai jamais trouvé ce genre de service disponible. Je devais aussi tirer beaucoup de satisfaction de la société des jeunes. Je ne peux pas dire que la société de Grace Rivers m'apporte une quelconque satisfaction ; je pense c'est la fille la plus désagréable que j'aie jamais rencontrée.

"Elle a toutes les leçons de la vie à apprendre", dit doucement Mme Darriman.

"Elle ferait mieux de les apprendre bientôt", dit-il d'un ton bourru, "si elle a l'intention de rester sous mon toit."

"Si elle pouvait se marier et avoir sa propre maison", soupira Mme Dorriman, car cela n'apportait pas toujours le bonheur.

"Et pourquoi ne se marierait-elle pas ?"

"Il n'y a aucune raison, sauf..." et Mme Dorriman fit une pause surprise.

"Eh bien," dit M. Sandford, "sauf que... continuez, je vous prie, vous faites vraiment beaucoup d'efforts parfois. De quoi diable avez-vous peur ?"

"Pour se marier, il faut avoir la chance de voir des gens."

M. Sandford réfléchit à cette réponse, puis il dit :

"Vous ne le savez pas, mais savez-vous que parfois vous dites des choses très sensées."

Mme Dorriman sourit faiblement et le quitta, soulagée au-delà de toute expression que rien de plus n'ait été dit à propos de Jean.

Mais sa satisfaction ne dura pas longtemps. Le lendemain, tard dans l'après-midi, on lui annonça qu'une femme désirait la voir, et Jean, trop malade pour avoir quitté son lit, se tenait devant elle, pâle, provocateur, et tout son esprit réveillé en résistance.

« Le maître m'a ordonné de partir, dit-elle, il est venu aujourd'hui et m'a dit de partir. Il a menacé et a pris d'assaut !

Elle était rouge et fiévreuse. Tout au long du vent froid du début du printemps, elle était venue, la fièvre dans les veines et la tête brûlante ; et maintenant elle se laissa tomber sur une chaise et frissonna, l'air sauvage, et était visiblement au bord du délire.

La cloche du dîner sonna sans être entendue, et quand Mme Dorriman fut chercher, elle fit savoir qu'elle ne pouvait pas venir.

M. Sandford, en colère et étonné, se rendit dans sa chambre et trouva Jean sur un canapé, parlant fort et vite, de manière incohérente, et Mme Dorriman pâle et posée, s'occupant d'elle. Elle lui fit des reproches.

"Comment as-tu pu ? Comment as-tu pu ?" elle a commencé. " Elle était malade, la pauvre ! et tu lui as dit de partir. Mais elle n'ira pas ! Je la soignerai. Mon pauvre, pauvre Jean ! "

M. Sandford lui-même fut surpris. Pour lui rendre justice, il n'avait pas vu que la pauvre femme était si malade. Au plus fort de sa maladie, soutenue par un fort ressentiment contre lui, elle était venue chez lui, et là elle devait y rester.

Aucune persuasion n'inciterait Mme Dorriman à consentir à son transport à l'hôpital ou à permettre à quiconque de prendre place au chevet de Jean.

Le médecin allait et venait constamment, Mme Dorriman, soumise et timide lorsqu'il s'agissait d'elle-même, n'était ni l'une ni l'autre de ces choses à l'égard de Jean.

Cette pièce aux baies vitrées convoitée par Grace était transformée en chambre pour elle, mais elle ne voulait pas dormir hors de la chambre de Jean ; elle ne permettait à aucune autre main de s'occuper d'elle. M. Sandford était étonné et touché. C'était la femme faible qu'il avait repérée et qu'il avait crue si incapable. Il la regardait aller et venir avec un étonnement perpétuel, et apprit au chevet de cette pauvre femme quelque chose du service que l'amour peut rendre et rend, et qu'aucun argent ne peut acheter.

C'était une maison triste parce que Mme Dorriman manquait à tous, mais comme il y a généralement un point positif quelque part, dans ce cas-ci, Grace pensait qu'elle l'avait trouvé et que maintenant elle avait sa chance.

Elle réaménagea le salon, faisant du simple déplacement des meubles une protestation contre la position de chef de Mme Dorriman ; elle interviewa la cuisinière, mettant tellement d'autorité dans ses manières qu'elle se heurta à un antagonisme direct. Tous les domestiques étaient en armes contre elle, les dîners étaient mauvais, les domestiques mécontents et les charges du ménage lourdes. Grace ne connaissait rien aux dépenses, rien aux règles les plus courantes à titre indicatif, et elle ne permettait à personne de lui suggérer ou bien sûr de lui dire quoi que ce soit. M. Sandford reconnut la perte des services de sa sœur au moment où il en fut privé ; et Grace eut la mortification de l'entendre lui dire :

"Il faut espérer que vous pourrez bientôt reprendre votre place. L'inconfort est terrible, et nous n'avons jamais rien à manger, et tout est à six ou sept."

En observant les manières de sa sœur avec la servante qu'elle considérait tant, il ne pouvait s'empêcher de se demander si, en supposant qu'il était malade, aussi malade que cela, il pourrait inspirer le même dévouement. Il l'a exprimé un jour à Mme Dorriman ; elle le regarda gravement et dit sans aucune émotion :

"Si tu étais malade, je devrais essayer de faire mon devoir."

Il se tourna brusquement et la quitta ; il avait espéré quelque chose de plus, et pourtant pour quelle raison pouvait-il s'y attendre ?

Lorsque Jean s'est amélioré et a nécessité moins d'attention, Mme Dorriman a découvert que tous ses pouvoirs étaient utilisés dans une direction différente.

Entre une nature gâtée et indisciplinée comme celle de Grace Rivers, et un personnage dont le trait saillant était l'amour du pouvoir, tel que celui que possédait M. Sandford, il était impossible que cette association constante se déroule sans friction. Margaret était dans un état d'alarme perpétuelle, donnant toujours le droit à sa sœur, par habitude et par affection irraisonnée, et donc sans réelle utilité pour elle, et le premier jour où Mme Darriman se trouva capable d'assumer ses tâches quotidiennes, elle trouva Grace, et non Margaret, attendant de lui parler, Grace dans un état d'excitation qu'elle ne cherchait pas à réprimer, qui plongeait dans le sujet de ses ennuis avec un abandon et une véhémence qui allaient loin pour effrayer la douce petite femme qu'on attendait. pour consoler, comprendre et sympathiser tout d'un seul coup, à tout moment.

"Ton frère me déteste, pourquoi nous a-t-il ici ?" Grace commença ; "C'est cruel ! Pourquoi ne nous laisse-t-il pas aller là où, en tout cas, nous pourrions être libres et mener notre propre vie, Margaret et moi."

Elle faisait les cent pas, les mains jointes devant elle, une rougeur de colère sur le visage, s'arrêtant de temps en temps pour regarder Mme Dorriman dont le front délicat était ébouriffé et dont l'attitude parlait de lassitude.

"Est-ce qu'il s'est passé quelque chose ? Quel est le problème ? Qu'est-ce qui ne va pas ?" Sa voix semblait froide et antipathique aux oreilles de Grace. Cela agissait comme une goutte d'eau froide sur un fer chauffé.

" Bien sûr que vous ne vous en souciez pas, " éclata-t-elle, " vous ne vous souciez de rien ; rien ne semble vous émouvoir ; rien ne vous réveille ; mais ne voyez-vous pas que ma sœur et moi sommes misérables et misérables ? "

"Grace," dit la femme plus âgée, et sa voix était pleine d'une réelle gentillesse, "voudriez-vous vous asseoir, cela me fait beaucoup de mal de vous voir courir de cette façon, et... je ne suis pas très forte en ce moment. J'ai j'ai eu beaucoup de fatigue ces derniers temps.

"Je suis désolée", dit la jeune fille d'un ton un peu dur, en se jetant sur une chaise, sentant que tout ce qu'elle avait à dire était plus difficile à dire lorsqu'elle était privée de sa manière de le dire.

"Parlons de tout, Grace, de toute l'amertume, de toute la déception, de tout ce qui vous rend misérable. Que souhaitez-vous faire ? De quoi vous plaignez-vous particulièrement ?"

"M. Sandford est si méchant : il me parle si durement. Je sais qu'il me déteste."

"Et tu as essayé de gagner son affection, tu as tout fait de ton côté pour qu'il t'apprécie ?"

"Je sais que cela ne sert à rien. Et il ne m'apprécie en aucune façon."

"Je t'apprécie?"

« À l'école, j'étais toujours le premier et tout le monde savait que j'étais intelligent, puisque… et ici, il ne fait pas attention. S'il ne nous aime pas, pourquoi devons-nous vivre ici, pourquoi ne pouvons-nous pas y aller ? Grace a persisté, désireuse de s'accrocher à son argument et de l'obtenir.

"Je crains que vous n'ayez jamais bien compris votre position, Grace; que vous n'en sachiez vraiment rien; et si je vous l'explique, vous serez peut-être très en colère."

"Je pense comprendre notre position", dit Grace en hochant légèrement la tête, "nous sommes ses pupilles, Margaret et moi ; il est notre tuteur."

"Vous avez tout à fait tort, Grace ; il n'est rien de tout cela."

"Alors pourquoi s'arrange-t-il pour nous ? On m'a toujours dit qu'il était notre tuteur", et Grace ouvrit grand les yeux et regarda Mme Darriman, surprise par rapport à son assurance habituelle.

"Tu sais que lui, mon frère, n'a aucun lien de parenté avec toi, sauf par alliance ?"

"Oui, je suppose."

« Quand votre mère est morte – votre père était mort depuis longtemps, pauvre enfant – il n'y avait presque rien… » Mme Dorriman hésita. Cela semblait si difficile de dire à cette fille ce qu'elle avait à lui dire.

"Rien ! mais nous avons un revenu, Grace et moi ?"

"Vous avez un petit revenu, parce que mon frère a abandonné la petite fortune de sa femme, votre tante, et a ajouté au peu, au très peu qu'il y avait, et en le gérant habilement - il y a comme vous dites un petit revenu, mais Grace , mon cher enfant, pensez-vous qu'un tel revenu vous permettrait de vivre dans le confort que vous avez l'habitude de vivre ? Il n'y en a guère plus de cent par an.

"Est-ce tout?" » demanda Grace, le visage cramoisi ; "Nous pensions que ce n'était qu'une allocation de notre argent, nous n'avons jamais imaginé qu'il n'y avait rien d'autre. Vous en êtes sûr ?" » demanda-t-elle, son visage pâlissant à nouveau ; elle ressentait ce coup dont elle ne pourrait jamais se remettre.

"Mon frère t'accueille chez lui, il me fait abandonner ma jolie et tranquille maison pour venir ici et que tout se passe bien. Il a des manières rudes et dures, mais avec toi, Grace, il a été bon , envers vous et Margaret, il a été très généreux.

« Est-ce vraiment la vérité ? » demanda Grace ; "Voulez-vous dire que nous n'avons rien, Margaret et moi, et que nous ne sommes pas ses parents ? Pourquoi, pourquoi a-t-il fait cela ? Il ne se soucie pas de nous. Quel est son motif ?"

"Il prenait soin de la sœur de votre mère, Grace. Il aimait sa femme d'une affection passionnée. Les temps n'ont pas changé. Son anxiété concernait vous, laissée à la merci du monde. Est-il juste pour lui que sa gentillesse soit accueillie avec mépris, et que, en raison de ce que vous faites, vous devriez vous opposer à ses manières et le défier ouvertement ? »

Grace se taisait, gardée silencieuse par la surprise et par une remontrance passionnée et impatiente contre la position dans laquelle elle se trouvait. Il lui était intolérable d'avoir ce poids d'obligation sans aucune affection pour l'alléger.

« Il nous accable du sens du devoir, » dit-elle enfin ; "S'il était vraiment généreux, il allégerait la charge."

"C'est un être humain et imparfait", a déclaré la pauvre Mme Dorriman, qui, tout en reconnaissant la vérité, sentait que cela sortait avec ingrate des lèvres de Grace Rivers, qui lui devait tant. "Maintenant, Grace," continua-t-elle après un silence pensif de chacun, "examinons vos autres griefs. Je pense vous avoir donné de bonnes raisons pour accepter la maison que mon frère vous propose. Ce n'est pas beau, je C'est pour moi tout ce que je déteste le plus, mais il le choisit et il ne sert à rien de souhaiter qu'il soit amélioré.

"Alors vous aussi, vous dépendez de lui ?" dit Grace ; "Bien sûr que vous le faites ou vous ne voudriez pas abandonner votre maison, les collines, les rochers et la rivière dont vous avez tant parlé, sans raison valable."

"Je ne discute pas de ma position ni de mes griefs", a déclaré Mme Dorriman, piquée par un mot imprudent lancé au hasard et faisant un coup si parfait.

Mais Grace, cette nouvelle idée en tête, trouvait Mme Dorriman beaucoup plus tolérable. Elle était une compagne de souffrance et, en tant que telle, il fallait se sentir aimée ; il y a eu un changement perceptible dans son ton lorsqu'elle a dit :

"Je pense qu'à notre âge, nous pouvons parfois voir des gens. J'ai peur quand je pense que peut-être toute notre jeunesse peut passer de cette façon et sans possibilité de changement."

"C'est une pensée très naturelle. J'ai aussi eu la même idée. J'en ai déjà parlé à mon frère."

"Et que dit-il ?" demanda la jeune fille avec impatience.

"Il a accepté de faire un effort; puis le pauvre Jean a été malade, et tout est resté tel qu'il était."

"Et maintenant elle va mieux, tu vas reparler ?"

"Oui, je vais parler encore, et maintenant encore un mot. J'espère que ce que je vous ai dit vous incitera plus à accepter mon frère tel qu'il est, quels que soient ses défauts. Si dur qu'il ait pu être envers les autres, il a été bon et gentil avec vous.

"Je dois d'abord m'habituer à l'idée douloureuse de lui devoir tant", dit Grace, sur un ton tout sauf humble et plein d'un patronage, à sa manière, qui fit regretter à Mme Dorriman d'avoir révélé sa propre position à elle, et elle se leva bientôt et quitta la pièce.

Dans le but d'être plus gentille avec elle, les manières de Grace étaient plus une épreuve pour Mme Dorriman qu'elles ne l'avaient été auparavant. Une impertinence imméritée est déjà assez grave, mais être condescendante par une fille qui n'avait aucun tact et une grande confiance en elle-même était tout à fait au-delà des épreuves ordinaires.

Juste à ce moment-là, avant que M. Sandford ait eu le temps de remarquer la différence dans les manières de Grace, il reçut une lettre qui provoqua finalement un changement dans la maison, bien que ce changement ne se fasse que progressivement dans l'esprit de ceux qui en étaient affectés.

Les filles remarquèrent que ses manières devenaient plus importantes, qu'il lisait et relisait cette lettre plusieurs fois pendant le dîner et la gardait à côté de son assiette, chose inconnue dans son histoire antérieure ; puis, d'une voix pompeuse et s'adressant à sa sœur, il dit :

"M. Drayton, une personne pour la famille de laquelle j'ai une haute estime, vient demain me consulter sur des affaires importantes. Nous devons l'inviter à dîner."

"Très bien", répondit Mme Dorriman, pas vraiment consciente de l'importance qu'il attachait à cette arrivée.

"C'est un homme d'une richesse énorme, d'une richesse énorme, et il vient me consulter sur certains investissements." Il prononça ces mots avec une immense emphase et regarda autour de lui les trois visages pour voir quelle impression son annonce avait produite.

"Est-il beau ?" » demanda Grace avec un certain intérêt pour ses manières. "Est-ce qu'il est amusant ?"

"Est-ce que c'est un de tes amis, John ?" » demanda gentiment Mme Dorriman. "Je n'ai jamais entendu son nom auparavant."

Margaret était muette.

"Comment puis-je savoir ce que vous considérez comme beau," répondit-il grossièrement. "C'est un homme bien bâti, fort et bien bâti, qui a vu beaucoup de monde, et c'est un homme qui a réussi, ce qui est bien plus que d'être beau ou amusant, laissez-moi vous le dire."

" S'il a vu le monde, il sera en tout cas intéressant ", dit Mme Darriman en se levant ; mais quand ils furent devant la porte, il la rappela et lui dit d'un ton mystérieux :

"Vous avez parlé de société et de donner une chance aux filles. Je ne souhaite pas que Margaret s'en aille, mais si George Drayton prend goût à Grace, elle devra l'emmener."

Mme Dorriman frissonna : ce discours lui rappelait sa propre jeunesse, lorsqu'elle devait « prendre » le mari qu'il lui avait choisi.

L'instinct donne souvent à une femme la bonne arme à utiliser, et elle dit alors précipitamment :

"Si vous lui faites savoir cela, si vous lui dites cela, elle s'opposera à lui."

Il la regardait avec cette sorte de surprise qui lui venait toujours lorsqu'elle montrait quelque chose de la sagesse du serpent dont il la considérait si complètement dépourvue.

« Je pense que vous avez raison, » dit-il lentement ; "Mais je veux dire que ce mariage aura lieu, et vous comprenez que si vous voyez un moyen de l'aider, j'attends de vous que vous y aidiez."

"Si j'aime cet homme, si j'approuve", dit-elle à voix basse, mais avec une fermeté qui ne lui était pas habituelle. "Et si elle l'aime bien."

M. Sandford eut son rire sarcastique habituel.

" *Si ! si ! si !* " s'exclama-t-il. Il allait dire quelque chose, mais il y avait une expression sur son visage qui l'avertissait qu'il ferait mieux de ne pas le faire. Il se retourna brusquement et partit dans sa propre chambre.

"Grâce, ma chérie!" murmura Margaret à sa sœur alors qu'elles se tenaient à la fenêtre cette nuit-là, avec le monde crasseux devant elles silencieux et les étoiles qui brillaient sur elles, "peut-être que ce sera le Prince."

"Ça n'en a pas l'air, Margaret," répondit-elle avec mépris. "Un fabricant et un homme qui n'est plus jeune."

"Nous ne pouvons pas le dire", a déclaré Margaret. "Mais il se peut, oh, j'espère, j'espère que ce sera votre prince, et qu'il sera charmant et tout ce que votre prince devrait être."

"Je l'espère", dit Grace, chuchotant également et d'une voix tremblante d'un sentiment réprimé. "Car, Margaret, je suis très, très misérable ici, et je pense parfois que si je ne vois aucune issue pour moi, si aucun changement ne se produit, je mourrai. Oh!" s'exclama-t-elle en rompant le silence de la nuit avec un cri passionné qu'elle ne put réprimer, "si la vie ne me réserve rien de plus que cela, alors donne-moi la mort !"

CHAPITRE VII.

Cette finalité de toutes choses, qu'il s'agisse du bonheur ou du malheur, mettait un terme à la longue maladie de Jean - et le plaisir que Mme Dorriman éprouvait à la voir guérir était souvent maintenant teinté de chagrin lorsqu'elle pensait à la séparation qui devait suivre.

Son frère s'était montré indulgent, mais sa patience ne devait pas être mise à rude épreuve. Mme Dorriman ne savait rien de ces changements de sentiments qui adoucissaient M. Sandford envers elle et tous ceux qu'elle aimait. Elle n'était plus à ses côtés dans l'antagonisme dans lequel il l'avait lui-même placée. Si elle agissait contre lui d'une manière ou d'une autre, si elle savait ce qu'il redoutait, elle saurait peut-être qu'il était convaincu que la connaissance était venue sans comprendre. Sa grande douceur d'humeur l'apaisait, sa bonté pour sa vieille servante, sa gaieté sans faille à son égard le surprenait en quelque sorte. Il ne la trouvait plus, à ses yeux, une femme faible, qu'il pouvait garder près de lui et sous son autorité, mais une femme pleine d'une tendresse inattendue. A l'égard de lui-même, l'habitude des années lui donnait une certaine soumission ; il commença à souhaiter, alors qu'il était couché, souvent éveillé, que cela puisse changer. Mais de l'affection ! Il n'avait aucun espoir, aucune croyance en ce que cela était possible d'elle à lui. Il avait gâché sa vie ; son moral brisé en était une preuve permanente ; et puis il se moquait de lui-même.

Sa maladie avait dû laisser une certaine faiblesse : pourquoi commençait-il maintenant à penser de cette façon ? Toute sa vie, depuis la mort de sa femme, il n'avait donné aucun amour nulle part et n'en attendait aucun. Puis un souvenir inconfortable du discours du médecin sur une maladie récurrente le fit frissonner. S'il tombait malade, comment pourrait-il réaliser ses projets, comment pourrait-il atteindre la position qu'il avait l'intention d'atteindre ?

C'était un homme bien plus riche qu'on ne le pensait, et il accumulait de l'argent. Lorsqu'il aurait assuré ce qu'il entendait mettre à l'abri de tous les risques du commerce qui lui plaisait si peu, il achèterait l'endroit où avaient autrefois vécu les gens de sa femme. Ils l'avaient méprisé jusqu'à ce qu'ils découvrent qu'il était riche, et c'est pour cette raison qu'il souhaitait surtout s'asseoir dans leurs « hauts lieux ». Il avait l'intention de gagner une élection, d'être élu dans le comté, et ensuite… il ne pouvait pas penser au mariage. Le seul sentiment désintéressé qu'il éprouvait était l'amour pour sa femme et son dévouement à sa mémoire. Il ne pourrait jamais songer à en placer un autre à côté de lui.

Sa sœur était là, puis il se laissait aller à de longues réflexions sur les filles : Grace qui commençait à être si oppressante envers lui, et Margaret qui *lui ressemblait un peu* .

Tout à fait inconsciente de ses sentiments adoucis à son égard, la pauvre Mme Dorriman, quant à elle, était cruellement troublée et perplexe. Ce qu'elle allait faire du pauvre Jean, elle l'ignorait. Inchbrae n'était pas sa maison, elle y avait suivi sa maîtresse depuis l'ancien endroit ; d'ailleurs, quel réconfort y aurait-il à y voir des visages et des gens étranges ? C'est Jean elle-même qui a coupé le nœud gordien et amené les choses à leur paroxysme.

Elle était une femme beaucoup trop pleine d'entrain pour rester un moment quelque part comme une invitée indésirable, et elle résolut qu'elle chercherait elle-même M. Sandford et lui dirait un mot de gratitude pour l'abri qu'il lui avait donné, et, si elle le trouvant « tranquille », elle avait l'intention de plaider sa propre cause ; une cause qui, si elle était la sienne, était aussi celle de Mme Dorriman. Jean avait cette forte confiance en elle qui est le moteur de nombreuses actions courageuses. Elle était, par-dessus tout, une femme dont les prières montaient avec une foi belle et pure. Bien que les phrases religieuses fussent plus dans son cœur que sur ses lèvres, chaque action de sa vie était dans une large mesure guidée par cette force grande et secrète. Elle était déterminée, pleine de préjugés et avait un sens de l'humour aiguisé, voyant beaucoup de choses pour l'amuser dans les choses ordinaires. Elle était passionnément dévouée à Mme Dorriman, et même si elle était trop fière d'elle, à juste titre, pour le permettre à qui que ce soit, elle savait qu'elle avait besoin de quelqu'un près d'elle pour se lier d'amitié avec elle - cela, pour utiliser sa propre expression. à l'égard de bien d'autres personnes, elle « a cédé » trop facilement.

C'était le jour même où M. Drayton était attendu. M. Sandford, qui était énervé à propos d'une bagatelle, fit une agitation inhabituelle au sujet de quelque chose au petit-déjeuner qui n'était pas bien préparé, et l'envoya avec l'ordre de le refaire.

Mme Chalmers, faisant déjà grand cas de ce quelque chose en plus qui pèse lourdement là où tout est en règle générale sur un pied simple, s'est mise en colère : et, avec tout le plaisir de pouvoir atteindre l'homme dont les remarques peu élogieuses sur ses performances étaient si souvent du fiel et de l'absinthe, déclarait qu'elle irait sur-le-champ et qu'elle ne ferait plus rien pour le ménage. Elle s'habilla de son bonnet et de son châle et s'assit fermement sur sa loge, espérant et s'attendant même à ce qu'on lui demanderait de rester, au moins pour ce jour-là, en vue du visiteur attendu, et bien résolue à obtenir des concessions si elle est resté.

Mais M. Sandford, avec toute l'ignorance d'un homme qui n'a jamais été obligé de penser aux détails, ne pensa jamais un instant au dîner, la prit au mot et insista pour qu'elle y vienne sur-le-champ.

La consternation de Mme Dorriman lui apprit d'abord qu'il avait agi à la hâte, et, contrarié et inquiet par toute cette affaire, il partit dans sa propre chambre.

Il essayait d'oublier tout cela et feuilletait quelques papiers, lorsqu'un grand coup, apparemment donné par une main déterminée, vint le troubler.

Jean entra, son bonnet, son châle sur le bras, comme s'il s'en allait, dans l'ignorance complète de tout bruit, puisqu'elle ne descendait jamais l'escalier.

M. Sandford la regarda fixement, il n'était pas « silencieux », elle avait donc l'intention d'exprimer sa gratitude, ce qui était la bonne chose à faire, puis de partir et de ne pas dire ce mot de rester, ce qu'elle aurait volontiers fait.

C'était une silhouette belle et imposante, son visage gentil et simple, pâle à cause des effets de sa récente maladie, était entouré d'une bordure de dentelle entièrement tressée, sa robe imprimée était une robe spéciale et elle avait un châle plié. soigneusement sur sa poitrine. Elle était l'image et le type de la bonne servante de campagne, intacte et démodée. Ses manières étaient pleines de respect et exemptes de toute servilité.

"Je suis venu vous remercier, monsieur, avant de partir;" commença-t-elle, "J'ai été un grand ennui. Maintenant je vais bien, je vais vous remercier et continuer mon chemin."

"C'est ma sœur, pas moi, qui s'est occupée de toi", dit-il.

"Elle a fait ça, mais il n'y a personne comme elle au monde."

Les deux se regardèrent, ses yeux bleus vifs et courageux voyaient l'expression dans les siens et ne pouvaient pas la comprendre.

"Tu penses beaucoup à ma sœur."

"Je pense tout à elle. Elle a besoin d'amour, de soins et de gentillesse. Je lui donnerai toujours ce que je peux."

"Qu'est-ce que tu vas faire quand tu quitteras ça ?" » demanda-t-il brusquement.

"Je vais trouver une place quelque part à proximité. Oui, maître Sandford, vous n'aimerez pas ça, mais c'est mon seul plaisir d'être près *d'elle* , et elle a besoin de moi."

"Quelle place obtiendrez-vous à Renton même ? Il n'y a pas de gentlemen là-bas."

"Je trouverai une place; je peux mettre la main à tout, le Seigneur pourvoira à mes besoins", dit Jean à voix basse.

"Pourquoi dois-tu partir ? Puisque ma sœur et toi ne pouvez pas vivre séparément, restez", dit-il ; » et, essayant de cacher le fait qu'il avait cédé pour des motifs bienveillants, il continua sévèrement : « Je ne choisis pas que ma sœur coure dans les rues de Renton à toute heure – comme vous et elle ne vous séparerez pas, restez !

"Je ne suis pas sûr, monsieur."

"Que veux-tu dire, tu n'es pas sûr ?"

"Je dois me laisser guider par les souhaits de Mme Dorriman et d'autres choses."

"Eh bien," dit-il brutalement, "je vous ai demandé de rester, et vous pouvez parler à Mme Dorriman et faire ce que vous voulez."

Il avait conscience d'un grand désir qu'elle reste ; mais il ne trouvait plus rien à dire.

" Il n'y a pas de place pour moi, monsieur, et j'ai peur que vous le disiez maintenant et que vous le regrettiez plus tard ; et la fin serait alors pire que le début. Cela blesserait davantage Mme Dorriman. "

"Vous pouvez faire ce que vous voulez", dit-il, plus déterminé à ce qu'elle reste, puisqu'elle s'opposait à sa volonté, "mais je ne peux pas concilier votre affection pour Mme Dorriman avec votre détermination à la quitter."

"Ne peux-tu pas?" dit Jean, ses yeux bleus brillant un peu. " Ne pouvez-vous pas, monsieur ? Ne voyez-vous pas que le pain de la dépendance est amer pour elle et amer pour moi ? Vous l'avez éloignée de sa propre maison et de sa propre vie tranquille - pour une raison qui vous est propre - mais je le sais. J'ai mal fait. Si je suis ici, c'est un autre poids du mauvais côté.

"Fais ce que tu veux et laisse-moi, au nom du ciel !" s'exclama-t-il avec impatience.

"Le Ciel n'a pas grand-chose à voir avec son enlèvement", dit Jean avec fermeté, "mais je ne veux pas parler de ce que je sais imparfaitement après tout. Ce dont je veux parler, c'est justement de ceci : Veux-tu vraiment de moi ? rester, et est-ce pour elle ou y a-t-il autre chose ?

"Cette femme va me rendre fou !" dit M. Sandford. " Que pourrait-il y avoir d'autre ? Non ! Je souhaite que vous restiez ; et en ce qui concerne Inchbrae, " dit-il d'une voix plus basse, " si j'avais su qu'elle se souciait autant... "

"Elle s'en souciait", dit Jean; " elle m'a salué jusqu'à ce que je croie qu'elle allait s'épuiser ; mais elle s'en remet un peu, et elle sait qu'un jour elle repartira. "

"Ah!" dit M. Sandford, qu'est-ce que cela signifie de revenir en arrière ? L'endroit est vendu.

"Oui, il est vendu," dit calmement Jean, "et peut être racheté à tout moment. Votre sœur connaît la prophétie, et elle y reviendra au moment voulu. En attendant, nous sommes contents, elle et moi. "

« L'histoire d'une vieille femme », marmonna M. Sandford. "Maintenant, tu seras assez gentil pour partir et me quitter."

"Je vous souhaite une bonne journée, monsieur; ce n'est pas un au revoir tant que je ne connais pas les souhaits de Mme Dorriman."

Jean quitta la pièce et M. Sandford prit son chapeau et sortit. Rien de ce que disait Jean n'avait beaucoup de sens pour lui, mais ses manières l'impressionnaient ; et il partit s'occuper de quelques affaires, sans jamais trouver curieux que son changement de sentiments envers sa sœur l'ait poussé à essayer de persuader sa vieille servante de rester dans sa maison.

Lorsqu'il rentra chez lui, le visage de Mme Dorriman était plus joyeux qu'il ne l'avait encore vu.

"Je voudrais savoir comment nous allons organiser un dîner", dit-il, craignant ses remerciements.

"Oh ! mon frère, voilà Jean."

"Eh bien ! qu'en est-il de ça ?"

"C'est une cuisinière de premier ordre, et elle a accepté de rester; et elle s'occupe de tout; et c'est comme un rêve", dit la pauvre femme dans un parfait élan de gratitude, de soulagement et de bonheur.

Son frère la regarda avec étonnement.

"Vous êtes une drôle de petite femme", dit-il, mais pas méchamment. "Il n'en faut pas beaucoup pour vous contrarier", mais il était quand même content.

Il s'était toujours senti mal à l'aise avec Jean depuis qu'il avait découvert à quel point sa sœur était enveloppée en elle ; et il lui était maintenant plutôt reconnaissant d'avoir accepté si facilement son projet.

Il faisait nuit lorsque M. Drayton arriva, et seule Mme Dorriman attendait pour recevoir les deux, qui entrèrent ensemble.

M. Drayton était un homme d'âge moyen d'apparence agréable, avec un visage manquant d'expression, des manières presque aussi indécises que celles de la pauvre Mme Dorriman ; des cheveux blonds bouclés qui commençaient à grisonner et une façon de parler enfantine. Quiconque le jugeait au premier regard aurait immédiatement dit qu'il faisait partie de ces hommes qui parcourent le monde sans succès. Sanguin à l'excès, perpétuellement déçu, pour toujours ressusciter.

Il avait des manières très distraites et manquait souvent d'entendre des faits importants, parce qu'il pensait à autre chose. Passionné et bienveillant, ne croyant en lui que dans une certaine mesure, dirigé par un esprit plus fort que le sien, et commettant des erreurs dont il se moquait lui-même lorsqu'il était trop tard pour y remédier. Il était grand, extrêmement mince, avait des épaules très tombantes et était incohérent dans sa tenue vestimentaire — tantôt portant des vêtements de campagne grossiers et mal faits, tantôt en raison de la coupe de ses affaires et de la forme de ses bottes. .

Son père avait gagné de l'argent et lui avait tout laissé. Il avait été un fils affectueux et un partenaire des plus décevants. Les gens disaient que l'entreprise ne tiendrait pas deux ans ; il en avait maintenant six depuis la mort de son père, parce que M. Drayton avait une affection chaleureuse pour le directeur, M. Stevens, se laissait guider par lui et ne faisait rien d'important sans le consulter.

M. Sandford avait, à cette époque, un grand projet en main, un projet exigeant beaucoup plus de capitaux qu'il ne pouvait en fournir sans perturber ses propres investissements.

Il avait rencontré M. Drayton une ou deux fois et le considérait comme un homme par l'intermédiaire duquel et par qui beaucoup pouvait être fait.

Il avait insisté pour qu'il vienne à Renton pour deux raisons très différentes ; il avait l'intention de l'épouser avec Grace Rivers, et il l'a si bien arrangé dans son esprit qu'il n'a même jamais posé le cas sous condition. Il commençait à détester énormément Grace, elle se mêlait de tant de petites choses. C'était très bien pour Mme Dorriman de le permettre ; elle était, et avait toujours été, une de ces femmes nées pour être gouvernées par tous ceux qui l'entouraient, mais il s'opposait à l'affirmation perpétuelle d'elle-même qui obligeait Grace à être toujours, pour ainsi dire, sur le disque de la vie de famille. à l'exclusion des autres.

Elle l'ennuyait, et il avait, dès le premier instant de cette découverte, résolu de la marier à quelqu'un qui lui enlèverait ses mains, car, de nos jours, s'en débarrasser autrement pouvait donner lieu à des commentaires. Il était résolu que M. Drayton, qui déclarait toujours qu'il *devait* se marier et qui, dans ses moments de légèreté, se déclarait trop déconcerté par l'énorme quantité de beauté et de réussite qu'il rencontrait pour pouvoir choisir, n'aurait pas de choix. une telle perplexité maintenant. Ce que Grace Rivers ferait, qu'elle aime ou non cet homme, n'était pour lui pas une question d'importance, il n'avait jamais pensé que le mariage *l' affecterait* de quelque manière que ce soit ; et si M. Drayton avait été repoussant et hideux, ou même beaucoup plus âgé, cela n'aurait en aucune façon fait la moindre différence dans ses arrangements. Grace à l'écart, Margaret serait toute seule avec sa sœur, et il commençait à aimer Margaret ; en effet, la société des femmes qui l'entouraient adoucissait son caractère et développait en lui une certaine bonté que personne ne lui avait jamais prêtée. Le seul point doux dans son cœur dur avait été son amour pour sa femme, et depuis lors la seule bonté désintéressée avait été manifestée envers ses nièces orphelines. Même s'il se disait que tout cela avait été pour *elle* et que cela n'augmentait pas son bonheur, pourtant, lorsqu'il rentrait à la maison après une longue et fatigante journée, il était agréable de savoir qu'il y avait quelqu'un pour le rencontrer. quelqu'un qui s'occupait de tout pour lui. Le doux visage de Margaret était toujours une chose agréable à attendre, et, même à l'égard de sa sœur, son caractère égal et sa grande douceur lui avaient appris, comme nous l'avons vu, une sorte de respect, et ses soupçons à son égard étaient endormis. se reposer. Il s'était dépêché de rentrer chez lui pour être à temps pour se rendre lui-même à la gare et rencontrer M. Drayton.

Cet individu ne savait pas grand-chose des nombreux projets élaborés à son sujet. Il s'ennuyait un peu par la longueur de son voyage et était content de descendre du train. C'était un homme de trop bon caractère pour être fâché, et il était flatté de l'importance que M. Sandford attachait à sa venue. C'était quelque chose comme le succès, se disait-il, que recherche un homme aussi influent.

Envoyant son portemanteau à la maison, les deux hommes s'approchèrent ensemble, et bientôt M. Sandford emmena son invité à l'étage, pour n'y trouver personne d'autre que Mme Dorriman. Cela le déconcerta un peu ; il avait eu l'intention de trouver un endroit confortable, un foyer et les trois assis comme il les trouvait habituellement, et il n'y avait que sa sœur.

"Où sont Grace et Margaret ?" » demanda-t-il avec un froncement de sourcils qui exprimait son mécontentement.

« Ils sont allés dans leur chambre », dit-elle d'un ton dépréciant ; "C'est plus tard que tu ne le penses."

"Ah, vous êtes ponctuel, je vois", s'est exclamé M. Drayton, avec un rire effréné qui accompagnait la plupart de ses remarques. " Il faudra que je fasse attention ; je pourrais considérer votre frère comme un terrible tyran dans la maison, si strict. J'ai raison, hein ? " et il rit encore, encore plus gaiement qu'auparavant, n'ayant pas la moindre idée qu'il avait dit en plaisantant ce vrai mot qui est souvent une vérité assez douloureuse.

Mme Dorriman trouvait sa conversation plus terriblement banale que jamais. Elle avait fait grand cas de la lenteur du train et avait été accueillie par un autre rire, comme si une plaisanterie indescriptiblement drôle était enveloppée dans son ennui. Elle avait demandé si la campagne autour de la maison de M. Drayton ressemblait à Renton ; était-ce également enfumé ? et lui, riant comme toujours, affirma que c'était pire, bien pire, et puis une pause fut venue. La pauvre femme devenait nerveusement consciente du silence et elle résolut de le rompre, redoutant de dire quelque chose qui pourrait faire revenir ce rire, ignorant totalement que M. Drayton était lui-même timide et qu'il riait parce que c'était le seul moyen de cacher son rire. sa timidité.

Quelles souffrances terribles un homme atteint de timidité doit endurer ! une femme peut souffrir mais en tout cas elle a ses droits. Elle a beau être timide et gênée, tout cela fait partie d'une qualité qui lui appartient, bien que sous une forme exagérée – mais un homme timide !

Il y a d'abord le sentiment que ce n'était pas un malheur mais une faute ; cela est contraire à toutes les idées préconçues sur ce que devrait être le caractère d'un homme ; cela n'est pas à sa place, et le malheureux qui est si affligé rencontre rarement de la pitié ou de la sympathie. Ayant une idée de cette vérité, M. Drayton cachait sa timidité par une irrésistible quantité de gaieté. Il était constamment, perpétuellement, d'une gaieté oppressante ; et ayant une fois pris ce caractère, cela devint bientôt une habitude confirmée. Après tout, être sans cesse joyeux et d'une bonne humeur apparemment surabondante est une chose moins affligeante que l'habitude de regarder la vie à travers un verre enfumé et de déprimer tout le monde autour de soi par des faits mélancoliques et un visage allongé.

M. Sandford vint alors à son secours involontairement, en emmenant M. Drayton pour s'habiller, et, avec un soupir de soulagement, la pauvre petite femme partit dans sa propre chambre.

Le dîner était prêt, l'invité, avec un immense plastron de chemise, se tenait debout sur le tapis, parlant à M. Sandford, lorsque la porte s'ouvrit, et Mme Dorriman et les deux filles entrèrent.

Dès qu'ils l'ont vu, tout intérêt pour lui a disparu. Ils ne virent qu'un homme prospère d'âge moyen, dont le rire était bruyant et vulgaire. Il était l'ami de M. Sandford, ils ne devaient donc pas s'attendre à mieux, pensaient-ils.

M. Drayton, qui n'avait jamais compris que les personnes vivant avec M. Sandford étaient des jeunes filles, était étonné. Ils lui prêtèrent si peu d'attention qu'il en fut piqué. C'était un homme habitué à la considération de tous, surtout de la part des jeunes filles qu'il connaissait. L'indifférence qu'il rencontrait maintenant l'étonnait. Ses histoires les plus amusantes, qu'il racontait avec les larmes aux yeux et des éclats de rire ensuite, étaient accueillies avec des yeux ronds et sans un sourire en vue. Les filles, en effet, le trouvaient ridicule, et le jeune visage grave de Margaret ne se détendait jamais un instant.

De l'indifférence, l'expression de Grace s'est transformée en dédain, et Mme Dorriman, comme d'habitude, a fait peser tout le poids sur ses épaules.

Comme cette pauvre petite femme a essayé de faire son devoir ! montrer un intérêt poli et sourire, quand des sourires étaient attendus ; tandis que l'ingrat considérait son intérêt et son approbation pour rien et essayait en tout cas d'attirer l'attention des deux autres.

Même pour M. Sandford, qui n'était pas lui-même un observateur avisé, il y avait quelque chose de tendu dans le rire de M. Drayton, quelque chose d'inamical dans l'expression de Grace. Dès l'instant où il l'a découvert – dès l'instant où il a lu une désapprobation et une opposition tacites – il était d'autant plus résolu que ces deux-là se plieraient à sa décision et accepteraient son arrangement.

Il remarqua également que c'était Margaret qui attirait le plus l'attention de son invité. Bien entendu, cela ne doit pas être autorisé ; il devait lui faire comprendre d'abord que Margaret était hors de question. Il ne s'en étonnait pourtant pas. Il y avait dans l'expression de Margaret une douceur gagnante qui devait plaire à tout le monde. Si jeune qu'elle fût, il y avait un calme, un calme dans les manières, qui manquaient à sa sœur. C'était la différence entre un personnage complètement oublieux de lui-même et un autre plein de gêne.

La conversation n'est jamais plus difficile que lorsqu'elle devrait avoir lieu, jamais plus spasmodique que lorsque des gens se rencontrent – qui ne savent rien des goûts ou des aversions des uns et des autres – et qui n'ont rien de ces bavardages légers qui s'attardent sur la politique, les grands événements et les événements. dernière nouvelle chanson dans un seul et même souffle.

Grace était attentive à l'impression qu'elle faisait. Il n'était pas intéressant, mais, tout de même, sa désapprobation silencieuse à l'égard de ses manières bruyantes la mettrait dans la position d'être supérieure à toutes ces réjouissances injustifiées.

Margaret regarda Grace et se sentit désolée pour M. Drayton inconscient – tellement désolé qu'elle commença à lui parler – écoutant avec le sentiment d'avoir complètement raté les blagues lorsque son rire éclata dans son discours.

Il y avait un sujet de satisfaction pour M. Sandford : le dîner était excellent ; et ce fait contribua grandement à l'apaiser. Les hommes, bien qu'étant des êtres supérieurs, sont susceptibles de ressentir cette affaire importante, et M.

Sandford était l'un des hommes qui ressentaient avec une grande acuité tout échec dans cette direction.

Après avoir discuté avec une lourdeur ludique des sujets de conversation commencés par Margaret, M. Drayton a lancé une bombe en disant à Mme Darriman :

"J'ai vu un joli petit endroit où vous habitiez jusqu'à récemment. Je suis allé voir un bateau dont j'avais entendu parler. Un joli endroit, mais solitaire. J'ose dire que vous en aviez assez de la mer. La mer est une chose très triste à vivre. moi ; je suis malade quand je suis dessus ; j'ai froid quand je le vois, ah !

"J'aime la mer", a déclaré Mme Dorriman; "C'est pour moi un ami et un compagnon. Il y a toujours quelque chose de grand pour moi dans sa monotonie, comme dans ses humeurs colériques. Je l'aime mieux quand il envoie des gerbes d'embruns dans l'air et se précipite dans toutes ses humeurs. pourrait."

"Alors qu'est-ce qui vous a fait... Mon cher M. Sandford, savez-vous que vous m'avez donné un coup de pied violent et douloureux à ce moment-là ? J'aimerais que vous preniez soin, si vous saviez quel sursaut vous m'avez donné !"

"Je suis désolé", a déclaré M. Sandford, tandis que les dames se levaient et les quittaient.

"Je suis désolé de vous avoir blessé, mais vous ne devez pas parler d'Inchbrae à ma sœur. Elle y a perdu son mari, et dans l'ensemble, c'est un sujet douloureux."

"Mais elle ne semblait pas détester que j'en parle."

"Elle cache ses sentiments, mais ce n'est, je vous l'assure, un sujet qu'elle n'aime pas aborder."

"Très bien ! J'accepte votre point de vue, mais, sur ma parole, votre coup de pied est toujours douloureux."

"Je n'avais pas d'autre moyen de t'arrêter."

"Alors tu l'as fait exprès !" et cette nouvelle lumière sur le sujet envoya M. Drayton dans le rire le plus bruyant et le plus long qu'il ait jamais eu.

Ce ne fut que le lendemain que M. Sandford eut l'occasion de dire à M. Drayton ce mot qui devait lui faire comprendre que Margaret était hors de sa portée.

L'idée de M. Drayton, pour se rendre agréable aux jeunes dames, était d'acheter quelques-unes de ces bagatelles interminables et inutiles que l'on trouve dans ce qu'on appelle des entrepôts de fantaisie ; et M. Sandford, le rencontrant alors que son propre travail était terminé, le trouva examinant avec beaucoup de satisfaction des chèvres dorées traînant d'un côté un wagon en coquille de nacre vacillant, avec des roues à rayons dorés.

"Je pense que Miss Margaret va aimer ça", dit-il, le visage rayonnant de satisfaction.

Le visage de M. Sandford était une étude. Qu'un être rationnel disposant d'argent en attente d'investissements, ce qui à lui seul suffisait à remplir l'esprit de n'importe quel homme, puisse être enchanté par un jouet de pacotille et réellement dépenser de l'argent dessus, était pour lui une idée étonnante, et il regarda M. Drayton. de près, comme s'il pouvait voir quelque chose dans son visage propre à le lui expliquer.

"Vous n'avez pas besoin de vous donner la peine d'apporter des cadeaux à mes nièces", commença-t-il d'un ton bourru, "surtout pas à Margaret."

"Pourquoi surtout pas à Margaret ?" » demanda M. Drayton, alors qu'il regardait une fois de plus son achat avec des yeux admiratifs.

"Parce que Margaret n'est qu'une enfant et que sa vie est plutôt bien organisée pour elle."

"Eh bien, c'est dommage. Je pense qu'elle est de loin la plus gentille des deux. Je doute que Miss Grace ait une touche de fierté en elle. Elle a l'air de penser beaucoup à elle-même; elle vous demande toujours pardon de dire alors", a-t-il ajouté en riant de bon cœur.

"Je ne suis pas sûr de penser que la fierté est inconvenante chez une fille", a déclaré M. Sandford après un moment de réflexion, "Miss Rivers est jolie."

"Maintenant, je ne pense pas qu'elle ait une tache sur Miss Margaret", a déclaré M. Drayton. "Eh bien, c'est aussi bien que tu me dises que *son* avenir est réglé ; je n'en suis pas du tout sûr, pas du tout sûr, je n'ai peut-être pas été touché."

Ils quittèrent le sujet et se plongèrent dans d'autres sujets, mais M. Sandford oublia complètement de prendre en compte une chose, à savoir que la meilleure manière d'encourager quelqu'un à aimer ou à prendre soin de quelque chose est de le mettre hors de sa portée. tentant maintenant comme au temps de nos premiers parents, et il n'a jamais, en ce qui concerne ses propres souhaits, fait une chose plus imprudente qu'en ajoutant cette incitation au léger début d'admiration que M. Drayton avait pour Margaret Rivers.

Pendant ce temps, les jeunes filles discutaient de lui avec tous les sentiments immodérés de la jeunesse, auxquels s'ajoutait la déception de le voir si exactement à l'opposé de ce futur prince qui devait sauver la pauvre Grace de ce foyer peu sympathique.

"Son rire me passe par la tête", dit Grace d'un ton mesquin, alors qu'elle s'asseyait devant le petit miroir et défait ses cheveux pour que Margaret puisse les brosser. "Quel homme odieux c'est."

"Non, pas odieux, car il est de bonne humeur", dit doucement Margaret, "mais j'aimerais qu'il ne rit pas ainsi ; cela me rend si mélancolique ; et oh, Grace, comme il est difficile de lui parler."

" Difficile ! disons impossible. Et Margaret, nous avons pensé que cela pourrait être le prince. " Et Grace croisa les mains, posa son menton dessus et se regarda dans le verre.

"Le prince viendra, Grace; vous verrez."

"Non, Margaret ! Je ne crois pas en lui. Je ne crois en rien maintenant. Tous mes espoirs sont morts. De quoi ont-ils pour vivre ? Nous continuerons à vivre ici pour toujours jusqu'à ce que nous soyons tout à fait vieux et gris, et nous Je ne verrai jamais quelqu'un de plus jeune que M. Sandford et ses amis, et je ne verrai jamais le monde, ni ne connaîtrai une autre vie, » et elle baissa la tête dans un accès de désespoir.

"Grâce, chérie ! tu ne penses pas vraiment que toutes tes nombreuses perfections t'ont été données uniquement pour être jetées ; ce désespoir est différent de ton esprit courageux et brillant habituel ; et nous ne sommes pas si malheureux maintenant. Tu n'es pas si misérable ici, maintenant, Grace ? »

"Oui", dit Grace avec férocité, "je suis malheureuse. J'en ai marre de ma vie ici, de la laideur de tout. Je déteste ça, Margaret. Je déteste ça plus que je ne peux le dire."

« Et je devenais de plus en plus contente, » dit la pauvre Margaret avec un sanglot un peu réprimé ; "Je suis tellement moins douée que toi, chérie, tellement moins pleine de vie agitée; tu dois me pardonner d'être si différente, si facilement satisfaite, c'était égoïste, j'aurais pu penser à toi." Elle entoura Grace affectueusement de ses bras.

Les sœurs restèrent assises en silence, puis Grace reprit la parole :

"La seule bonne chose que je connaisse de M. Drayton, c'est qu'il vit dans le Sud ; je l'envie cela, j'envie qu'il soit près de Londres ; c'est le seul mérite qu'il a."

"Quand j'ai dit qu'il était de bonne humeur", répondit la pauvre Margaret, soucieuse comme toujours de mettre ses propres conclusions, même sur des bagatelles, en harmonie avec celles de sa sœur, "je pense qu'il est en règle générale de bonne humeur, mais J'imagine que s'il était contrarié ou déçu d'une manière ou d'une autre, il serait constamment en colère. Je ne pense pas qu'il pardonnerait facilement. »

"En d'autres termes, vous le trouvez vindicatif. Eh bien, Margaret, je pense que vous avez raison. Et je pense aussi qu'il ne vaut pas la peine d'en parler, je le trouve haineux", et Grace se leva et se plaça de nouveau devant sa coiffeuse. "Oh!" s'écria-t-elle en joignant les mains, qu'est-ce que ce serait pour moi de quitter cet endroit, de repartir une fois de plus en Angleterre ; même si l'école était ennuyeuse, c'était mieux que cela. Je donnerais tout ce que je vaux pour y parvenir. le monde pour m'évader. Parfois je rêve, Margaret - je rêve de m'envoler - d'entendre de la belle musique et de belles voix. Puis je me réveille - et je suis *là* !

CHAPITRE VIII.

M. Drayton, dans l'intervalle, prenait plus de peine à parler à Margaret, pour découvrir comment il pourrait lui plaire, sans but particulier en vue ; mais elle l'intéressait en premier lieu, et le fait que sa vie soit « arrangée » la rendait encore plus intéressante. De plus, prêter une attention particulière à tout ce qu'elle disait et faisait lui permettait de laisser Grace tranquille. Ce n'était pas un homme sensible, mais l'impertinence de Grace était bien trop ouverte pour ne pas le retrouver. Elle le méprisait et le montrait trop ouvertement, et, par désapprobation passive, il commença à la détester sincèrement. Les filles avaient raison, c'était un personnage vindicatif. Il était enveloppé dans une épaisse peau d'estime de soi ; il était de bonne humeur et enjoué tant qu'il était admiré et sa vanité satisfaite par la flatterie, directe ou indirecte, mais une fois que son amour-propre était transpercé ou blessé, il irritait et malheur à la personne qui avait infligé la blessure.

Sa visite touchait à sa fin ; il était avec M. Sandford depuis quelques jours, et jusqu'à présent rien n'en était sorti. La grâce était hors de question, et M. Sandford l'a bien compris. Les placements qu'il souhaitait qu'il fasse étaient également indécis ; M. Drayton ne ferait rien sans consulter son manager et attendait de ses nouvelles. Il prolongea sa visite de deux jours, et il passa ces deux jours à essayer de faire comprendre à Margaret un peu de ses sentiments pour elle. M. Sandford était à son bureau toute la journée et Mme Darriman n'a rien dit ; et même si la façon dont M. Drayton regardait Margaret et ses absences l'éclairaient, il pensait qu'il avait rendu tout cela si impossible que cela ne lui causait aucune inquiétude, et que dans deux jours il serait parti.

Mais la vieille histoire s'est répétée dans ce cas-ci. M. Drayton, en se dépêchant de rentrer chez lui pour parler avec Margaret, a réussi à glisser et, tombant sur toute la longueur de l'escalier du bureau, est tombé sur les dalles de pierre en bas avec une épaule meurtrie et une jambe foulée. , et bien sûr a dû rester à Renton.

M. Sandford devait se rendre quotidiennement à son bureau avec la pleine conscience que son invité indésirable profitait au maximum de ses opportunités. Il espérait néanmoins que les choses finiraient par s'arranger.

Le pauvre M. Drayton ne regrettait guère son accident puisqu'il le plaçait près d'*elle*, Margaret, la dame de ses rêves. Car l'amour lui était venu d'une manière violente, et il s'avouait que si elle ne l'écoutait pas, il serait malheureux toute sa vie.

L'amour fait des farces si étranges dans sa fuite. Dans ce cas, cela a donné de la timidité à l'homme sûr de lui ; son rire bruyant était modifié, ses manières s'adoucirent. Il était très sérieux.

Margaret n'a jamais pensé un seul instant à ce qu'il voulait dire. Elle était très désolée pour lui, comme toute fille au bon cœur pourrait l'être pour les souffrances de quelqu'un ou même de quelque *chose*, et cette pitié donnait à sa voix une douceur encore plus dangereuse. Chaque jour, il avait envie de lui parler et perdait courage lorsqu'elle s'approchait de lui. Il avait hâte de savoir ce que signifiait l'*arrangement* sur lequel M. Sandford avait insisté. Il avait envie d'entendre parler d'elle, d'elle-même et de son avenir, car, une fois qu'il le saurait, sa voie serait claire. S'il n'y avait vraiment rien qui intéressait son cœur, ne serait-il pas possible de changer les choses ? Elle était si jeune qu'elle ne pouvait pas déjà avoir connu son destin.

Elle était si souvent avec Mme Dorriman qu'il la voyait rarement seule ; ce fut avec un frémissement de plaisir qu'il la vit entrer seule un après-midi dans le salon, des perce-neige et des feuilles de lierre à la main. Elle avait marché, elle avait rejeté son manteau et repoussé un peu son chapeau de sa tête, et elle s'avançait pour remplir quelques verres de ses fleurs, inconsciente de son émotion, pleine de quelque pensée qui lui était venue pendant que elle était dehors, et un sourire brisait la douce gravité qui était son expression habituelle.

"Il y a encore beaucoup de verres à remplir", dit-il en regardant, prisonnier sur le canapé, ses doigts habitués arranger et réarranger les fleurs blanches et pures sur le fond brillant des feuilles.

Elle leva les yeux avec un petit sourire et une couleur accentuée.

" Celles-ci doivent rester vides jusqu'à demain ; Grace le souhaite. J'ai pensé que vous aimeriez en regarder quelques-unes, mais demain Grace va arranger toutes les fleurs. "

"A quoi ça sert ? Demain est-ce une grande fête ? Miss Grace ne se donne généralement pas de peine pour rien", dit-il en riant.

« Ma sœur se donne du mal quand elle le juge nécessaire », dit Marguerite avec un joli reproche digne, prompte à s'irriter de la moindre désapprobation implicite de sa bien-aimée Grâce ; "Demain, ce sera mon anniversaire. J'aurai dix-sept ans", dit-elle en pleine conscience de son âge avancé.

« Dix-sept, murmura-t-il, seulement dix-sept !

"Pensais-tu que j'avais l'air plus ou moins que ça ?" » demanda-t-elle gaiement.

« J'espérais que vous étiez plus que ça, » dit-il d'un ton confus ; "Je savais que tu étais très jeune, ton oncle me l'a dit. Il m'a dit autre chose sur toi", continua-t-il en essayant de se ressaisir et en essayant de lire son visage qui, sans l'ombre d'un soupçon, était tourné vers lui en tout. sa douceur et sa franchise.

"J'espère qu'il m'a donné un bon caractère."

"Votre personnage n'a pas besoin d'être donné ; il est écrit sur votre visage."

Il parla d'un ton plus bas et plus précipité, et elle leva de nouveau les yeux vers lui avec surprise.

"Est-ce vrai ? Que veut-il dire quand il dit que ton avenir est réglé ? Y a-t-il quelqu'un ?" » fit-il valoir d'un ton rapide et agité. Margaret fut surprise ; si son oncle avait dit cela, il le pensait, et elle connaissait suffisamment sa volonté pour redouter de devoir se soumettre à tout ce qu'il choisirait pour elle.

Tout son être se leva en signe de protestation :

"Ma vie n'est pas arrangée, même si je ne sais pas ce que veulent dire ces mots, et il n'y a personne", a-t-elle ajouté avec beaucoup de véhémence.

Il vit combien ses paroles étaient vraies et il se dépêcha, craignant de perdre courage, de ne pas pouvoir dire ce qu'il voulait dire, s'il s'arrêtait.

"Margaret," dit-il d'un ton qui attirait son attention, et essayant de se relever en lisant son visage. "Si vous n'avez personne, s'il n'y a personne, si vous êtes libre d'être gagné, ne puis-je pas essayer de vous gagner ?"

La pauvre Margaret recula.

"Non!" dit-elle à bout de souffle, "oh ! non !"

"Je ne peux pas essayer ?" il a plaidé. "J'ai plus du double de ton âge, mais est-ce important ? Je n'ai jamais aimé personne et je pense que je pourrais te rendre heureux. Je ne devrais pas m'attendre à ce que tu m'aimes de la même manière, et je pourrais te donner beaucoup, Je pourrais vous entourer de luxe et ne rien vous en vouloir pour votre bonheur, vous ne devriez pas être dépendant. »

"Si je t'aimais pour ces choses, j'en serais indigne, tu ne le vois pas ?"

Il ne l'a pas écoutée.

"Tu sais que tu n'aimes pas cette vie étroite, tu aimerais être dans le Sud, à Londres, tu devrais avoir une maison où tu aimes, tu devrais faire ce que tu veux."

"Je ne peux pas", dit Margaret, alternativement rouge et pâle, "je suis sûre que vous voulez être gentil, mais vos paroles me haïssent. Elles me soudoient. Non ! mieux vaut vivre n'importe où, mieux vaut être comme nous, et comme vous dites dépendant, que de nous mentir. Je ne peux rien dire d'autre, et oh ! je vous prie, je vous prie, n'en parlez à personne, oubliez cela, c'est tout à fait impossible.

Sa voix était brisée par la déception et un sentiment d'impuissance.

"Je ne peux pas l'oublier", dit-il, et, entendant la voix de Mme Dorriman, Margaret quitta précipitamment la pièce.

Il s'est attardé sur ses paroles de la même manière que les gens embrassent un souvenir douloureux. Il *devait y* avoir quelqu'un d'autre, pensa-t-il, et il essaya ainsi de se réconforter, mais en vain. Sa vanité était blessée, mais il était trop amoureux d'elle pour s'en rendre compte, il en était cruellement blessé. A quoi servaient les affirmations flatteuses de son peuple ? il avait toujours été assuré du succès s'il voulait réussir, et maintenant il avait échoué.

Il était très silencieux, réservé et malheureux. Il aspirait maintenant à la guérison ; l'endroit lui était odieux. Il redoutait de revoir Margaret ; il avait peur que M. Sandford ne lise son histoire ; il était irritable et agité, et très très misérable.

À cela s'ajoutait la réponse de son directeur prudent, qui le déconseillait fortement le projet de M. Sandford et lui donnait d'excellentes raisons dont il ne pouvait que se contenter.

Il était si pleinement conscient de sa propre incompétence, qu'il ne contesta jamais un seul instant sa conclusion ; mais il était trop bouleversé, trop différent de lui-même, ce soir-là, pour se lancer dans quoi que ce soit sous forme d'affaires, et il fut transporté tôt dans sa propre chambre, plaidant un mal de tête, et heureux d'échapper à la fête de famille ce soir-là, et être seul avec son malheur.

Son absence n'a créé aucune surprise. M. Sandford était indifférent ; il était un peu ennuyé par quelques échecs qu'il avait rencontrés dans ses affaires, et un peu plus irritable que d'habitude, un peu plus dur à propos des défauts de Grace, et très violent et désagréable envers elle tout au long du dîner.

Margaret était toujours déséquilibrée. Les paroles de M. Drayton l'avaient agitée, et elle était désolée pour lui, plus désolée qu'elle ne pouvait l'exprimer, lorsqu'elle voyait combien il souffrait réellement. Elle ne comprenait pas comment il pouvait voir un quelconque mérite en elle, alors que Grace était là ; seulement, pour être sûr, Grace avait été si constamment antagoniste. Sans cela, elle, Margaret, se serait échappée, et Grace aurait su bien mieux quoi dire. En y réfléchissant, elle avait peur d'avoir été méchante, mais elle avait été tellement surprise.

Ce n'est que lorsque les sœurs furent dans leur propre chambre et que la maison fut silencieuse pour la nuit que Margaret raconta à Grace ce qui s'était passé.

Leur façon préférée de parler, lorsque le temps le permettait, était de se tenir à leur fenêtre ouverte, une fenêtre qui donnait un peu à l'écart de la ville ; l'air clair dominait alors la fumée de la ville animée, et ce qui restait était à peine perceptible. Le grand ciel bleu profond de la nuit avec ses « mille yeux » compensait l'obscurité sourde des jours. Quand il faisait froid, un plaid les recouvrait tous les deux tandis que les deux jeunes visages regardaient le silence et se chuchotaient leurs pensées.

"Grace", dit Margaret à voix basse, se sentant timide même avec sa sœur, elle-même, à propos du grand événement de la journée, "J'ai quelque chose à te dire, quelque chose dont nous n'avons jamais rêvé, que tu seras aussi très surpris d'entendre ce que j'étais.

Elle s'accrocha un peu plus à sa sœur, passant son bras autour de sa taille.

"Avez-vous?" » demanda Grace, étonnée, mais pas encore éveillée à une grande curiosité : « C'est merveilleux que tout puisse arriver dans cet endroit. Chaque jour est comme le jour précédent ; chaque jour est aussi ennuyeux et aussi vide de tout ce qui nous importe. à propos de."

"Vous serez surprise, Grace; mais je veux que vous promettez de ne pas vous moquer de lui."

"Rire de lui!" répéta Grace. "Est-ce M. Sandford ?"

"Non, il ne sait rien, et bien sûr il ne faut pas lui dire."

"Lui, tu as dit que je ne devais pas me moquer de *lui* ", dit Grace, soudainement surprise en reprenant conscience. "Est-ce que cela a quelque chose à voir avec M. Drayton ?"

"Oui", murmura Margaret à voix basse, "il m'a parlé ce soir. Il m'a dit, Grace, qu'il... m'aimait. J'en étais vraiment désolé."

"Pourquoi devriez-vous être désolé ? Il ne faut pas y penser à la hâte ; mais nous devons essayer d'être raisonnables à ce sujet", répondit Grace.

"Cela ne demande pas beaucoup de réflexion", dit Margaret, surprise, presque déconcertée, par le ton calme de sa sœur, comme si la question pouvait être pesée. "Je lui ai dit tout de suite que c'était tout à fait impossible bien sûr."

"Mais il n'était pas nécessaire que vous le fassiez si vite, pourquoi ne pas y réfléchir ?" Grace parlait comme si elle était déçue.

Margaret était consciente de la douleur la plus vive qu'elle ait jamais connue de toute sa vie. Elle s'arrêta un instant, presque essoufflée. Sa sœur voyait alors une conclusion possible très différente de la sienne : le fait qu'elle ait agi ainsi semblait les opposer encore plus dans leurs sentiments qu'ils ne l'avaient jamais été. « Vous-même, vous n'avez fait que vous moquer de lui, nous avons ri ensemble, dit-elle d'une voix peinée ; "Il devait être le prince, et il est venu, et vous avez dit vous-même à quel point il était d'âge moyen et inintéressant - vous oubliez, Grace ?"

"Je n'oublie pas, Margaret, chérie, c'est vrai; mais si je t'ai encouragé à rire, et ce faisant, j'ai gâché l'avenir pour toi... et pour moi", ajouta-t-elle d'un ton plus bas.

"Gâché l'avenir!" s'écria Margaret en se demandant, nous pensons différemment. Je suis désolé, j'étais vraiment désolé, parce qu'il se souciait tellement de lui, mais aucun avenir avec lui n'est possible. Pensez, Grace, à quel point nous avons été ennuyés par son rire bruyant, par ses interminables paroles. blagues, à ses manières. Comment se fait-il que tu oublies ?

"C'est différent", a déclaré Grace. " Attention, je ne dis pas, emmenez-le ; mais je dis que vous y avez peut-être pensé pendant un petit moment. Qu'a-t-il dit, Margaret, vous en souvenez-vous ? "

"Je m'en souviens ; il était très gentil ; et il a dit quelque chose sur le fait de me rendre heureux et de vivre là où je voulais à Londres, ou n'importe où, et de m'offrir du luxe. Je détestais qu'il dise tout cela, et je l'ai dit. J'ai dit c'était comme un pot-de-vin.

"Ce n'était pas gentil", dit lentement Grace, "il n'aurait pas dû le dire. Et pourtant... oh, Margaret !" s'écria-t-elle avec ferveur, pensez comme nous avons été près de la réalisation de nos rêves ! Quitter ce lieu odieux, qui m'étouffe et me rend misérable, s'en aller, vivre au centre de tout ce qui vaut la peine d'être vécu. pour!"

Margaret fut parfaitement bouleversée par cette découverte. Grace était déçue ; elle voulait qu'elle épouse cet homme dont elle s'était moquée et ridiculisée le plus amèrement, depuis qu'elle l'avait vu, et qu'elle avait vu qu'il ne ressemblait en rien au prince attendu qui devait la sauver !

Le pauvre enfant n'en revenait pas. Elle resta immobile, la serrant dans ses bras ; mais elle avait l'impression que son monde s'était effondré à ses pieds. Elle fut tirée de la douleur la plus profonde et la plus cruelle en sentant les larmes de Grace couler rapidement sur elle. Grace pleurait et elle était la cause de ses larmes. Elle luttait également contre un sentiment d'indignation. Le sentiment d'avoir été injustement et injustement mise à tort la rendit moins blessée que fâchée au bout d'un moment. C'était comme si, à un moment suprême de sa vie, sa sœur l'avait laissé tomber.

"Grace," dit-elle, après un long silence qui semblait avoir rendu sa voix surprenante, "si cela t'était venu à l'esprit, l'aurais-tu fait ?"

« Comment puis-je le savoir ? dit Grâce. "Rien ne me vient, semble-t-il."

"Mais tu peux imaginer, tu peux te mettre à ma place."

"Non, je ne peux pas ! Nous sommes si différents, toi et moi."

"Et pourtant nous pensions la même chose jusqu'à présent, Grace. J'ai toujours vu la sagesse de vos pensées; vous ne pouvez sûrement pas me conseiller d'épouser un homme qui ne m'est jamais apparu que sous un jour ridicule."

"Non, je ne le conseille pas", a déclaré Grace; "mais je ne peux m'empêcher de voir que c'était une chance pour nous deux, et qu'elle a disparu."

Marguerite frissonna.

« Il fait froid, dit-elle brusquement, et je suis fatiguée.

Elle embrassa sa sœur avec un long et persistant baiser. C'était comme si elle faisait ses adieux à la sœur qu'elle avait connue, tant ses paroles lui avaient heurté le cœur et l'avaient blessée.

Grâce a dormi. À travers la fenêtre sans rideaux, sans store entre elle et les étoiles brillantes qu'elle aimait tant regarder, Margaret restait éveillée.

Elle n'eut d'abord conscience que d'une vive et vive déception. Tous les discours tranchants de Grace sur l'infériorité de cet homme étaient frais dans sa mémoire, et maintenant… elle pensait que c'était possible ! Puis elle pensa à toutes leurs attentes élevées lorsqu'ils avaient quitté l'école, et à la façon dont Grace était devenue une sorte de leader parmi eux. Grace, qui n'avait jamais vraiment travaillé, qui ne faisait les choses que lorsqu'elle en avait envie, dont le travail était, le plus souvent, fait pour elle et qui tenait tout pour acquis, comme en raison de son influence personnelle, pourquoi avait-elle la position qu'elle occupait ? pris ? Des pensées plus douces leur succédèrent ; pendant leur long séjour à l'école, combien de fois Grace l'avait défendue de l'oppression des autres. Combien de fois avait-elle usé de son influence en sa faveur ; combien de fois elle s'est fait remarquer jusqu'à ce qu'elle ait obtenu quelque concession pour elle.

Les mots et les caresses d'amour, les innombrables petits gestes qui unissaient les sœurs, flottaient devant elle. Les moments innombrables où elle avait été remplie d'orgueil ; et comme elle était fière de Grace. Si elle pouvait être vue ; si seulement le monde pouvait la voir, elle l'aurait à ses pieds – c'est ce qu'elle avait toujours pensé, et c'est ce qu'elle pensait encore. Puis, comme un éclair, la pensée m'est venue : « Pourrais-je le faire ? Elle pensait à tout ce que cela pourrait apporter à Grace ; des nombreuses choses qu'elle pourrait avoir en son pouvoir ; et elle commença à se sentir une fois de plus déconcertée ; son cerveau commençait à se fatiguer ; ses yeux se fermaient et ses lèvres encadraient les mots « Je ne peux pas le faire », alors qu'elle s'enfonçait dans le sommeil.

Les étoiles regardaient son visage innocent – ébouriffé par le premier véritable souci ou chagrin qu'il ait jamais connu – elles s'effaçaient à mesure que le jour se renforçait ; puis vint l'incendie du petit matin, et les longs rayons de lumière partout, et son dix-septième anniversaire était arrivé.

Elle rencontra M. Drayton ce jour-là avec un sentiment de conscience écrasant, mais elle fut rassurée par ses manières, peut-être avait-elle exagéré - tout cela sans le savoir - envers Grace et envers elle-même son désespoir et sa passion, car il la rencontra avec un sourire dans lequel il n'y avait rien à voir que de la bonne volonté, et il la félicitait d'avoir atteint un âge si avancé dans quelque chose de son ancienne manière ; puis il sortit son cadeau d'anniversaire, une bague profondément sertie de pierres, et, avec une allusion en riant à son oncle, M. Sandford, pour obtenir sa permission, la lui mit dans la main. Elle l'a pris à contrecœur, craignant qu'en le prenant, elle lui donne d'une manière ou d'une autre des raisons de penser qu'elle pourrait changer, et elle sentait qu'aucun changement n'était possible pour elle. Mais elle fut obligée de l'accepter et de le mettre, et, dans l'ensemble, la journée se passa bien. M. Sandford chercha anxieusement quelque signe d'amitié entre M. Drayton et Grace, et fut de nouveau déçu de n'en voir aucune.

M. Drayton fut obligé de partir, et son départ mit fin à tous les espoirs d'investissement, et la déception des deux côtés se fit sentir dans le parti local, mais fut habilement voilée par Mme Dorriman, dont il semblait généralement devoir de être de se tenir dans la brèche et de détourner toutes les tempêtes et tous les désagréables.

Ces choses, cependant, rappelèrent une fois de plus à M. Sandford le passé. L'intérêt pour le présent et le souci qu'il avait ressenti d'arranger les choses avaient éloigné de lui le passé.

La pauvre Mme Dorriman, alors qu'elle croisait les yeux de son frère fixés sur elle, ne se demandait pas comment il la pesait dans la balance, se demandant si elle se montrerait plus souple maintenant dans l'affaire de ces papiers et comment il pourrait lui parler au mieux de ces papiers. eux.

Elle-même avait écarté le sujet lorsqu'elle était entrée chez lui. Elle avait l'impression confuse que le simple fait de penser à eux était une trahison sous son toit ; Cela fait, la compagnie de Margaret et les petites tâches ménagères remplissaient son temps et ses pensées ; elle s'efforçait de faire son devoir, et elle le faisait bien, sans accorder à rien une attention partagée. Peu à peu, les journaux et leur éventuel contenu devinrent comme une histoire oubliée. Elle avait conscience qu'ils étaient là, mais ils n'étaient plus devant son esprit maintenant.

M. Sandford aurait pu dire quelque chose si son attention n'avait pas été attirée sur Grace. Elle avait prononcé des mots qui avaient indigné même la douce Mme Dorriman, car ces mots faisaient référence à Jean.

"Sa maladie n'était pas grand-chose", disait-elle, "et elle a eu raison. Elle a sorti la pauvre Mme Chalmers et s'est mise à sa place. J'aimais Mme Chalmers moi-même."

"C'est très injuste de dire cela de Jean", dit Mme Dorriman avec une couleur accentuée; "elle ne s'est jamais ingérée ni n'est intervenue, et je ne lui ai jamais demandé de rester ; elle est restée parce que Mme Chalmers est partie soudainement et que nous n'avions personne d'autre."

"Oui, ma chère Mme Dorriman, mais *pourquoi* est-elle partie soudainement ? Il y a deux côtés à chaque question", dit Grace, avec son petit air de supériorité, ne se souciant pas vraiment de la question, mais plutôt irritée. et se disputant simplement parce qu'elle n'avait aucun autre moyen d'exprimer ses sentiments énervés. Elle était déraisonnablement contrariée, d'abord parce que M. Drayton n'était pas ce à quoi elle s'attendait, et ensuite parce que quelque chose aurait pu résulter de sa visite et que rien n'était arrivé, et qu'elle voyait devant elle la monotonie des jours, et rien, aucune excitation, rien dans vue. Son moral était bas et quand c'était le cas, elle était toujours en colère.

« Qu'est-ce que tu conduis ? » s'écria M. Sandford avec colère ; "Que savez vous à propos de ceci?"

"Seulement que cette femme des Highlands, la servante de Mme Dorriman, a réussi à faire sortir Mme Chalmers de la maison. Je suppose que j'ai peut-être une opinion sur le sujet ?" » dit Grace, ses couleurs augmentant et son humeur aussi.

"Vous n'avez pas à dire quoi que ce soit de pareil", tonna M. Sandford, trop en colère pour retenir sa voix, envoyant la terreur dans l'âme timide de sa sœur et faisant pâlir Margaret, tandis qu'elle se levait instinctivement et se tenait à côté de Grace ; "Mme Chalmers a osé se montrer insolente envers *moi* et elle est partie, comme tous ceux qui osent se montrer insolents envers moi ou envers les miens peuvent s'attendre à le faire."

"Si *vous* avez une opinion, j'ai peut-être la mienne", persista Grace, trop excitée pour avoir peur de lui.

"Vous pouvez avoir une opinion mais vous n'avez pas le droit de l'exprimer chez moi", répondit-il, encore plus irrité par ses manières; "Vous pouvez attendre pour cela jusqu'à ce que vous ayez votre propre maison, chose qui me semble très problématique, car aucun homme ne se soucierait d'avoir pour épouse une jeune femme bouleversante et vaniteuse, sans fortune, sans apparence, ni aucun seul." recommandation."

Grace était pâle de colère. Margaret se tourna vers lui comme une jeune lionne.

"Comment peux-tu dire des choses aussi méchantes et aussi fausses ?" s'exclama-t-elle avec passion. "Oh ! Grace, ma chérie, ne l'écoute pas."

"Je n'y prête pas attention", dit Grace magnifiquement, blessée et piquée au-delà de toute croyance, et frémissante de passion, "mais je veux savoir pourquoi vous nous gardez dans votre maison, nous haïssant si évidemment - nous ne resterons pas, nous le ferons." partez. Vous nous avez offert une maison, et maintenant vous parlez comme si nous étions un fardeau. Nous partirons, Margaret.

"Parle pour toi, je t'ai offert une maison pour le bien d'une personne que j'aimais. Je ne te connaissais pas alors. Quand j'ai vu qui tu étais, je t'ai quand même gardé cette maison ouverte pour le bien de ta sœur ; tu t'es mis au-dessus d'elle en tout, vous lui avez fait croire que vous étiez supérieur en toutes choses, mais elle vaut une douzaine d'entre vous, et ainsi tout homme sensé pensera comme il vous connaît.

Grace était en larmes à ce moment-là, et Margaret essaya de la faire sortir de la pièce, mais elle se débattait, elle ne voulait pas partir avant d'avoir dit quelque chose, et elle voulait que le dernier mot soit très tranchant.

« Frère, » dit Mme Dorriman d'un ton implorant, « vous avez tort ; vous dites maintenant des choses dans le feu de la passion dont vous vous plaindrez plus tard. Il est difficile d'être obligé de manger le pain de la dépendance et d'avoir cela vous a été lancé.

« C'est sa faute, » dit-il avec colère ; elle se donne des airs et des grâces comme si elle était au-dessus du sol sur lequel elle marche. Cela me fait mal de voir comment elle continue, et il faut qu'elle l'entende !

"Épargnez-la maintenant."

"Oh ! Je vais l'épargner, mais elle doit baisser la tête ; même Drayton n'aurait rien à lui dire, même si j'ai fait de mon mieux et que je l'ai louée jusqu'aux cieux quand je lui ai parlé."

"C'est plus que suffisant!" sanglota Grace, alors que Margaret s'accrochait à elle, elle se précipitait dans sa propre chambre, et les sœurs sanglotaient leur misère dans les bras l'une de l'autre.

Mais pleurer ne les aiderait pas ; ils résolurent de quitter la maison, de s'éloigner de là, *où* ils ne savaient pas exactement ; ils ne connaissaient que leur maîtresse d'école, et l'ayant quittée haut la main, il leur paraissait terrible de devoir revenir en arrière et d'affronter l'émerveillement et la pitié qu'ils allaient rencontrer.

Ils étaient tous deux si jeunes et si inexpérimentés. Ils restèrent assis à réfléchir, pas tout à fait malheureux maintenant parce qu'ils étaient conscients d'une sorte d'excitation et qu'ils étaient ensemble.

Grace, à ce moment-là, ne pouvait s'empêcher de penser qu'un petit début conduit généralement à de grandes conclusions — ce début avait été tellement, très insignifiant.

Un jour, elle avait marché de long en large pour obtenir la quantité d'exercice qu'elle estimait nécessaire à son bien-être, la journée avait été humide et elle s'en tenait au gravier devant la maison.

Jean, qui était à la fenêtre ouverte, pour reprendre son expression, essayant de se renforcer, parlait de sa voix riche et gutturale à Mme Dorriman, qui était dans la pièce, quoique hors de vue, et qui l'observait.

Consciente de l'observation, mais seulement de l'observation d'une vieille femme, Grace, fière de sa façon de se déplacer, avançait et reculait avec encore plus de délicatesse que d'habitude. Elle entendit Jean dire :

"Quels gars Miss Rivers marchent là-bas, hippity hop d'un côté à l'autre ?"

Et puis en un instant, elle répondit à sa propre question :

« Ouais, oui, le gravier est dur ; et elle aura des cors.

Grace se retira, avec un sentiment de haine contre elle. Ce petit affront était la cause de son impertinence envers Mme Dorriman, et tout ce qui avait suivi.

Rien ne pouvait être fait cette nuit-là, et lorsque la longue soirée froide toucha à sa fin, les sœurs se glissèrent dans leur lit. Ils n'étaient parvenus à aucune résolution, ils avaient seulement l'intention de s'en aller ; mais il convient de noter que dans cette urgence, la supériorité de Grace ne réussit pas à s'affirmer : c'est vers Margaret qu'elle se tourna ; Margaret, qui, à peine sortie de l'enfance, devait penser aux deux.

La dernière chose que souhaitait M. Sandford était de voir la difficulté résolue d'une manière dérogatoire à la position qu'il avait prise, de se lier d'amitié avec deux filles qui n'avaient aucun droit réel sur lui. S'ils quittaient sa maison, tout Renton en entendrait parler et tirerait sa propre conclusion.

Comme tous les hommes qui agissent et parlent avec passion, il était très en colère si on le prenait au mot. Il lui était si facile d'oublier ses paroles dures, qu'il ne pouvait jamais comprendre que d'autres personnes aient du mal à le faire.

Il avait voulu blesser Grace et la faire tomber, puis il était agacé par sa retraite. Mme Dorriman avait si souvent souffert de sa tyrannie autrefois qu'elle pouvait pleinement comprendre et sympathiser avec les filles ; et la grossièreté incessante de Grace envers elle-même ne l'empêchait pas d'avoir des sentiments pour elle.

M. Sandford avait laissé entendre, et presque dit, qu'il avait offert Grace, pour ainsi dire, à M. Drayton, qui ne voulait pas d'elle. Elle était assez féminine pour ressentir l'insulte faite à Grace, comme représentant l'enfance, et elle était si indignée contre son frère à ce sujet qu'elle, pour le moment, perdit tout sentiment d'effroi. Il ne voulait pas monter à l'étage, mais il lui envoya lui demander de se rendre dans sa propre chambre, où il était assis, envoyant de longues bouffées de fumée à travers la pièce. Il la vit jeter un coup d'œil à sa pipe et la posa – l'acte en lui-même témoignait d'un changement de sentiment à son égard. Elle se souvenait très bien autrefois avec quelle insistance il l'avait obligée à écrire pour lui et à lui parler, tandis que les vapeurs de sa pipe l'avaient rendue si malade qu'elle ne pouvait guère faire ni l'un ni l'autre.

"Eh bien ! que faire ?" commença-t-il en la regardant attentivement sous ses sourcils hirsutes.

"Je suis sûre que je ne sais pas", répondit-elle, impuissante.

"Eh bien, tu ferais mieux de réfléchir. A quoi sert d'être une femme si tu ne peux pas arranger les choses ?"

Et Mme Dorriman pensa : puis elle exprima ses pensées – chose nouvelle pour elle quand il s'agissait de son frère.

CHAPITRE IX.

Mme Dorriman, comme la plupart des gens timides, parlait rapidement quand elle avait quelque chose à dire qui lui coûtait un effort, et elle dit assez brusquement, quoique avec un air un peu dépréciant : « Vous voyez, vous aviez tort, vous devez le ressentir maintenant. "

"Je ne ressens rien de tel, et je ne le vois pas non plus. C'est un nouveau ton à emporter avec moi."

"C'est le bon ton tout à l'heure, tu m'as demandé de t'aider à voir ce qui pouvait être fait. Grace ne pourra jamais pardonner ce que tu as dit, jamais."

"Pourquoi pas?"

"Y avait-il du vrai là-dedans ? Avez-vous vraiment parlé d'elle à M. Drayton ?"

M. Sandford était assis, regardant droit devant lui. Au début, il ne parvenait pas à se rappeler exactement comment cela s'était passé. M. Drayton avait-il parlé le premier, ou lui avait-il parlé de Grace en premier lieu ? Puis il se souvint : « Drayton a parlé de Margaret. Il a dit quelque chose à son sujet avec admiration. Je ne voulais pas qu'il ait la moindre idée de Margaret — je ne savais pas jusqu'où cela pourrait aller. Je souhaitais qu'il aime Grace, et j'ai dit : quelque chose. Oui, c'est vrai. Il ne l'a pas vu, et je ne suis pas surpris ; mais, en tout cas, il a amené cela, il a parlé le premier.

"Alors ce n'est pas si grave pour elle. Je peux leur dire ça ?"

"Vous pouvez leur dire tout ce que vous voulez."

"Je souhaite seulement leur dire la vérité."

"Comme tu veux."

"Frère!" et Mme Dorriman se pencha un peu en avant, et son doux visage rougit un peu, "ces enfants vivent ici avec vous selon votre souhait ; vous ne devez pas leur rendre la tâche difficile."

"Saul parmi les prophètes ! Eh bien, vous sortez sous un tout nouveau jour."

Mme Dorriman recula encore une fois. Elle aurait pu lui répondre et dire que pour ces filles elle avait plus de courage que pour elle-même, mais elle connaissait la sagesse du silence et elle se taisait.

« Que pensez-vous qu'ils vont faire ? Il posa la question avec une indifférence assumée.

"Je pense qu'elles vont partir. Ce sont toutes les deux des filles pleines d'entrain. Margaret le ressent tellement - elle ressent tout affront offert à

Grace plus encore que Grace elle-même ; elle est parfaitement dévouée à sa sœur."

« Vous devez les empêcher de partir, du moins de cette façon », dit-il sans la regarder, mais en regardant droit dans le feu.

"Comment puis-je l'empêcher ?" dit la pauvre femme, impuissante ; elle avait l'impression que la vie était très dure pour elle.

Il ne lui répondit pas, mais continua de regarder droit devant lui.

Puis une inspiration lui est venue. "Si je les accompagnais quelque part, après un certain temps, ils reviendraient peut-être."

"Ça ferait l'affaire," dit-il lentement.

"Cela coûterait quelque chose", dit-elle, toujours nerveuse quand il s'agit d'argent, et le regardant avec inquiétude.

"Vous pouvez avoir l'argent que vous voulez", dit-il négligemment. "Quand irais-tu?"

"Nous devrions y aller immédiatement, demain. Je suis sûr que les filles voudront partir à la lumière du jour." Elle se dit que si elle avait été à ce point insultée, elle n'aurait pas attendu le jour. "Je pense qu'il vaudrait mieux y aller le plus tôt possible, et Jean s'occupera de toi."

"Je n'ai pas peur de moi, merci ; cela remonte seulement aux jours précédant votre arrivée."

Elle n'en dit pas plus, mais lui souhaitant bonne nuit, elle monta à l'étage. Le lendemain ne lui laissait que peu de temps pour se préparer, et il lui fallut ensuite arranger où elle irait avec les filles. En cette matière, elle pourrait peut-être se laisser guider par leurs souhaits. Elle appela Jean, qui s'asseyait généralement pour elle, et lui raconta en termes concis ce qui allait se passer.

Jean était assez décontenancée, et il n'est pas surprenant que sa première pensée soit pour elle-même. "Est-ce moi, madame, qui va devoir m'occuper de M. Sandford ? Je ne pourrai jamais m'entendre avec lui."

"Oui, cher Jean, tu lui plais déjà, il dit toujours que tout est bien fait."

" Oh ! je n'ai pas peur pour lui quand il va bien, " dit Jean avec vaillance, " mais que ferai-je quand il se *déchaînera* ? J'aurai alors peur de lui pour ma vie. "

"Oh, Jean, ne faites pas de difficultés", dit la pauvre Mme Darriman ; "C'est déjà assez dur, et dans le vaste monde je ne sais pas où je vais avec ces filles !"

"C'est mauvais", dit Jean, sympathisant pleinement avec la situation des affaires ; "C'est dur d'aller dans un endroit inconnu, avec les enfants des autres aussi!" Elle ne fit plus de difficultés, elle prépara tout, mais elle conseilla fortement à Mme Dorriman d'empêcher les filles de partir tôt. "Y aller à une heure raisonnable, et pourquoi pas ?" elle a insisté. "A quoi bon faire remuer la langue des gens ? Ils parleront toujours, que ce soit ou non, mais il n'y aura aucun mal si les choses qu'ils disent n'ont pas de fondement sur lesquels s'appuyer."

Le petit matin réveilla Grace et Margaret, elles se dirigèrent vers la fenêtre et regardèrent dehors.

La nuit avait été brillante et, même si la lune n'avait pas été visible, il y avait eu cette douce lumière d'étoile qui est si mystérieuse et si belle. Avec un vague espoir de voir une belle matinée qui les inspirerait, ils s'approchèrent et regardèrent d'un air vide la scène devant eux.

Un ciel gris et plombé, une pluie désespérée, impitoyable, de la boue partout, et tout est triste, pensif et misérable.

Les larmes montèrent aux yeux de Grace, et elle et Margaret restèrent ensemble un moment.

"Nous devons y aller", dit Margaret, à qui rien d'autre ne semblait possible.

"Je suppose que nous devons le faire", dit Grace, regardant fixement devant elle.

Leur moral a coulé. Margaret, se déplaçant doucement pour ne déranger personne, sortit l'une puis l'autre de leurs cartons. Elle était résolue à poursuivre les préparatifs. Elle avait été plus profondément blessée que Grace même par ces paroles de M. Sandford à propos de M. Drayton ; et puis vint cette terrible pensée : *son* offre était-elle la conséquence de quelque chose dit par M. Sandford ? Si tel était le cas, elle était doublement heureuse que tout se soit terminé ainsi. Grace, toujours influençable par l'aspect des choses, était dans un état de dépression terrible.

Elle tourna la tête une ou deux fois et regarda Margaret, mais elle ne lui proposa jamais de l'aider. Elle détestait tellement l'inconfort ! et la perspective de sortir et d'affronter la saleté, la pluie et le froid l'a brisée. Son esprit l'avait abandonnée et, assise là, avec un plaid jeté sur elle, elle pleurait misérablement.

Margaret était trop occupée pour remarquer que le visage de sa sœur était constamment détourné d'elle. Elle était agenouillée devant la porte, tandis que, les mains tremblantes un peu de froid et en partie d'agitation, elle mettait au fond des cartons leurs effets les plus pesants. Elle ne prendrait pas le temps de penser à l'avenir, à l'endroit où ils devraient aller ou à ce qu'ils devaient faire. S'enfuir, telle était sa pensée, s'éloigner de cette position odieuse envers Grace, la protéger de toute chance d'entendre à nouveau quelque chose d'aussi dur...

Elle continuait sans bruit, et machinalement, essayant comment la petite vieille boîte à ouvrage prenait le moins de place, la plaçant latéralement et en longueur avec ce soin du détail qui est souvent le résultat d'une grande excitation, lorsqu'elle fut surprise par un coup à la porte. .

Les sœurs se rapprochèrent involontairement, Grace ayant essuyé les larmes de son visage. C'était Jean, un plateau à la main et du thé chaud pour eux. Elle comprit tout cela d'un seul coup d'œil, vit l'air déprimé sur le visage de Grace et l'expression de résolution de Margaret.

« Mes enfants, dit la bonne femme, si, sans vous offenser, je puis vous appeler ainsi, je vous ai entendu bouger ; le travail est pénible à jeun et le froid du matin. Prenez votre thé, cela vous fera du bien. " Et maintenant, " continua-t-elle pendant que les filles suivaient son conseil, " de quoi s'agit-il ? "

"M. Sandford nous a cruellement insultés", dit Margaret en rougissant, "et nous partons."

"Et où irez-vous?"

"Je... nous ne savons pas... mais nous *devons* partir d'ici", répliquèrent les deux jeunes voix.

« Eh bien, ce n'est pas à moi de prêcher – une insulte est difficile à supporter – mais Mme Dorriman a un de ses maux de tête, et je dois vous demander d'aller la voir à une heure raisonnable, vous savez. elle dort maintenant. Elle a été plus tranquille. Elle s'en va aussi.

« Je pars – Mme Dorriman s'en va ! Alors, » dit Margaret, « elle a pris notre part. »

Les sœurs se regardèrent.

"Et saviez-vous que Mme Dorriman prenait un rôle autre que celui du plus faible ?" demanda Jean. « Voyez comme elle m'a soutenu – non sans que votre cas et le mien soient deux cas différents – oui, enfants, ils sont très différents. M. Sandford a peut-être la langue dure, je ne le nie pas – alors que je le suis moi-même. " J'ai peur de lui... mais vous n'êtes pas vraiment un parent jusqu'à lui, et il vous a offert un foyer et a été bon envers vous de bien des manières. Ce n'est pas mon affaire de prêcher, " insista Jean, " mais je pense que c'est un mauvais retour. à lui de faire parler de lui. Allez ! bien sûr, vous pouvez y aller, mais vous pouvez quitter sa maison décemment, et non de façon folle, d'autant plus que vous ne semblez être attendu nulle part ailleurs.

"Il a dit des choses très terribles hier soir", a déclaré Margaret, "et nous devons y aller."

"Je ne dis rien contre", dit froidement Jean, "mais vous ne pouvez pas y aller avant d'avoir vu ma dame, et vous ne pouvez la voir qu'à une heure raisonnable. Elle y va aussi, et elle y va pour votre compte. , et tu lui dois bien ça. Tu vois," continua-t-elle en regardant Grace, qui était maintenant enceinte et malade à cause de l'agitation et du manque de sommeil. « Votre sœur est malade… retournez vous coucher, mes enfants, » dit-elle, « et je vous apporterai quelque chose au revoir, et vous devez voir Mme Dorriman avant de partir… avant de faire des projets. "

Grace était trop heureuse pour s'allonger, jamais très forte ; elle souffrait maintenant, et Margaret, au cœur vexée, vit que Jean avait raison. Grace étant malade, il serait cruel de la faire bouger, cruel, sinon impossible. Elle était elle-même trop excitée pour se recoucher. Elle continua lorsque Jean quitta la pièce, rangeant ses affaires dans les cartons ouverts, bougeant tranquillement, tandis que Grace, épuisée par ses pleurs et les émotions de la matinée, s'enfonçait dans le sommeil.

Alors que Margaret la regardait et remarquait les paupières gonflées et l'air malheureux, elle se reprochait de ne pas avoir pensé à son chagrin et à son chagrin auparavant. Elle pensait alors que rien ne serait trop dur pour elle, aucun sacrifice trop grand à faire en son nom. Elle s'agenouilla près de sa sœur endormie et fit sa prière matinale innocente et sérieuse, et elle continua à faire le vœu tout à fait solennel de faire de son bonheur son objectif principal dans la vie, de ne jamais penser à elle-même, mais de toujours mettre Grace avant elle.

Elle se leva réconfortée, comme nous recevons du réconfort d'une grande détermination – la décision semble apporter sa propre force avec elle.

En se tournant vers la fenêtre, elle vit que la journée était plus désespérée que jamais ; la pluie dans la campagne, crépitant sur les feuilles vertes, apporte avec elle un son rafraîchissant et pas tout à fait mélancolique ; l'effet d'une forte pluie est de laver l'herbe jusqu'à ce qu'elle brille et de laisser des traces scintillantes pour que les premiers rayons du soleil se transforment en de beaux effets prismatiques ; mais la pluie dans les faubourgs d'une ville où tous les sentiers sont recouverts de poussière de charbon et où la boue est noire pour la même raison - quand la pluie entraîne avec elle la saleté, les noirs et les portions insolubles de la fumée crasseuse - est une chose morne et misérable. . Seuls ceux qui ne vivent pas dans leur environnement, dont l'imagination les élève au-delà de ces influences, ou qui sont trop occupés pour y prêter attention, ne sont pas accablés par celles-ci.

Elle fut surprise de voir un taxi arriver devant la maison. Elle regarda dehors, et avec des sentiments indescriptibles où le soulagement était au premier plan, elle vit M. Sandford et quelques bagages partir en direction de la gare.

C'était l'heure du petit-déjeuner, et juste au moment où elle se retournait pour descendre et allait voir si Grace dormait encore, Mme Darriman s'est présentée à la porte et Grace a démarré.

Margaret l'accueillit avec un peu d'inquiétude. Elle ne le savait que comme Jean le lui avait raconté. Mme Dorriman s'en allait également, et à cause d'eux, et obéissant à sa première impulsion, elle lui dit : "Est-ce vrai, tu pars aussi ? Êtes-vous en colère contre nous ? Mais vous savez que nous ne pouvons pas rester."

"Les enfants", dit Mme Dorriman, et sa voix douce et douce leur imposa à tous deux le silence, "vous avez mal pris mon frère. M. Drayton a parlé le premier, et la douleur a disparu, je pense, alors - s'il n'en avait pas été ainsi, je Je peux comprendre, et je peux compatir pour toi ; mais mon frère a dit que je pourrais te dire la vérité, et c'est la vérité. Mais il voit, et je vois, que la vie ici ne te convient pas – tu ne peux pas t'attendre à mon frère. changer ses habitudes et sa maison pour vous. Ses affaires sont ici et ici sa maison doit être Mais il m'a donné la permission, il m'a donné les moyens d'aller avec vous quelque part pour un temps, je pense que c'est sage. j'irai quelque part, changerai et commencerai d'une nouvelle manière à notre retour. La première question est : où souhaites-tu aller ? »

Grace et Margaret ont entendu ce discours avec une émotion et un frisson de gratitude. Grace avait l'impression de n'avoir jamais rendu justice à Mme Dorriman. Aller quelque part, n'importe où, loin de tout cela, et pourtant ne pas avoir à le regretter – aller comme elle pensait que c'était impossible ! Les mots lui manquèrent, et ce fut Margaret qui remercia Mme Dorriman et qui exprima quelque peu le soulagement et la gratitude qu'ils ressentaient tous les deux.

Mme Dorriman n'était pas insensible au charme de l'affection de Margaret ; mais ce n'était pas une femme adonnée à beaucoup de démonstrations. Elle clôtura la question en disant à Grace de rester tranquille. Elle lui envoyait son petit-déjeuner et, emmenant Margaret avec elle, ils descendaient. C'était désormais pour une femme de son tempérament une bien étrange perplexité d'avoir le choix entre le monde et de ne pas savoir où aller.

Elle et Margaret discutèrent d'un plan après l'autre, entre la démolition d'un scone et l'attaque d'un autre. La question n'était pas réglée, mais Margaret se sentait reconnaissante au fond de son cœur, reconnaissant à Mme Dorriman le mérite d'avoir tout réglé la difficulté.

Lorsque Grace, rafraîchie, quoique encore pâle et portant des traces d'agitation, malgré son sommeil, les rejoignit, la grande affaire fut de nouveau discutée.

"Nous ne pouvons pas partir d'ici", dit Mme Dorriman avec une fermeté inhabituelle, "avant d'avoir décidé où nous devons aller et d'être sûrs de nos chambres."

« Cela ne prendra-t-il pas très longtemps ? demanda Marguerite.

"Une fois que nous serons d'accord sur le lieu - écrire et entendre une réponse prendra peu de temps - nous pourrons télégraphier", a déclaré Mme Darriman, avec une certaine fierté de ses pouvoirs illimités. De sa vie, elle n'avait jamais envoyé de télégramme de son plein gré.

C'est alors qu'une idée brillante est venue à Margaret. "Allons vers le Sud et essayons d'abord un endroit ; si cela ne nous plaît pas, nous pouvons en essayer un autre."

Grace était enchantée.

"Et maintenant," dit Margaret, qui semblait prendre un nouveau poste ce matin-là, "Nous vous devons tellement ; qu'est-ce que vous préférez ?"

"Oh mon cher!" dit la pauvre Mme Dorriman, sa longue retenue cédant et surprenant la jeune fille par ses yeux brillants et son éclat de couleur, "donnez-moi la mer et les collines ;" » Et quoique, à moitié honteuse d'avoir montré son désir pour ces deux choses, elle ajouta précipitamment : « Mettez-moi dehors, ma chère ; ne vous occupez pas de moi. Je peux être heureuse n'importe où. Leur premier mouvement fut bientôt décidé. Ils décidèrent de se rendre dans l'une des belles baies de l'embouchure de la Clyde, et le cœur battant d'excitation, étudiant tantôt le guide des chemins de fer, tantôt une carte, ils décidèrent d'aller à Lornbay, puis reprirent en toute hâte leurs bagages. . Trois jours s'écoulèrent rapidement, et des réponses satisfaisantes ayant été reçues concernant les chambres du meilleur hôtel, Mme Dorriman, non sans doutes quant à son aptitude à cette grande responsabilité, se retrouva seule avec les filles, laissant Renton avec toutes ses activités variées. expériences derrière eux dans sa sombre vallée de fumée.

Il arrive souvent que la réalisation d'un souhait entraîne une certaine crainte quant à savoir si l'intensité du souhait a été tout à fait pleine de sagesse, particulièrement lorsque nous avons conscience d'avoir pensé à nous-mêmes, à l'exclusion de tout. autre considération.

Du trio qui tournoyait jusqu'à l'embouchure de la Clyde, Grace était la plus troublée et la moins capable de jouir du changement de décor, celle sur l'esprit de laquelle pesait l'ombre d'un reproche.

Elle était consciente de s'être placée dès le début dans une position d'antagonisme à l'égard de M. Sandford. Elle avait voulu qu'il reconnaisse ses mérites et qu'il lui permette de l'influencer comme elle avait influencé ces camarades d'école pour lesquels elle avait été un être supérieur. Mais elle avait oublié de tenir compte de son caractère, de ses préjugés et de ses passions ; et, même si elle reconnaissait maintenant qu'elle avait échoué, elle blâmait sa stupidité, et non ses propres pouvoirs, pour cet échec.

Margaret était évidemment beaucoup pour lui ; elle n'était rien, et la seule personne qui était venue là, même s'il était loin d'être un prince, n'avait absolument pas non plus vu en elle la moindre attirance.

Cela aussi, elle imaginait que c'était dû à une faute en lui et non en elle. Margaret avait une façon de s'effacer, de se mettre si complètement hors de question, que la vanité de Grace était presque excusable. Élevée dans la conviction qu'elle possède de nombreux dons, flattée par le petit monde qui l'entoure, il lui faudrait porter un coup bien plus sévère à son orgueil que l'impolitesse de M. Sandford et l'aveuglement de M. Drayton, avant qu'elle comprenne à quel point il existe une différence entre la valeur nous accordons de l'importance à nous-mêmes et à la valeur que nous accordent les étrangers qui ne sont en aucune façon partiaux ou préjugés en notre faveur. Pour le monde indifférent, la pauvre Grace serait simplement une fille d'apparence ordinaire qui se donnait des airs. Mais elle avait encore cela à apprendre.

La beauté de la fin du printemps remplissait chaque bosquet et chaque vallée qu'ils traversaient. Partout naissaient ces teintes tendres qui apportent à l'œil une sensation de calme rafraîchissement ; sur chaque rive abritée, les primevères regardaient les passants comme de faibles étoiles depuis leurs profonds massifs de feuilles. Ici et là, les torrents des montagnes frémissaient d'excitation tandis qu'ils dévalaient les flancs des collines, bouillonnant de la joie d'avoir échappé à l'emprisonnement des gelées de l'hiver. Lorsque le train s'arrêta, ils entendirent le gazouillis et le chant des oiseaux ; toutes ces choses qui arrivent quotidiennement et qui n'ont peut-être aucune importance dans la vie quotidienne ; mais pour ces trois-là, qui avaient ressenti un grand besoin de la nouvelle beauté de la vie à la campagne et avaient passé plusieurs mois sans aucune de ces influences réconfortantes, ils étaient comme un souffle de paradis.

Grace a commencé à respecter Mme Dorriman lorsqu'ils changeaient de station, et elle a vu la manière pratique et silencieuse avec laquelle tout était organisé. Puis ils poursuivirent leur route le long des rives de la Clyde, et une exclamation sortit des lèvres de Margaret. Les yeux de Mme Dorriman étaient humides. La mer apparaissait là où le fleuve s'élargissait ; la lumière du soir tombait sur tout cela, touchant d'une lueur dorée l'ondulation de l'eau. Certains yachts étaient au mouillage. Au sud s'élevaient des collines d'un bleu pâle comme à l'ouest. Même Grace, trop égocentrique en général pour être passionnément sensible à la beauté naturelle, ressentait tout cela, comme elle n'avait jamais ressenti aucun paysage de sa vie auparavant. Le mouvement et la vie encadrés dans cette scène exquise la captivaient. Elle s'oublia elle-même, ses espoirs, ses ambitions et tout le reste, et, tenant inconsciemment la main de Margaret, elle se surprit à lui rendre une réponse et à lui serrer la main avec sympathie.

L'agitation de l'arrivée a mis un terme aux sentiments très tendus de Mme Dorriman. Elle n'était pas allée dans cet endroit depuis l'époque de son enfance ; quand son père était parti chercher de la monnaie et qu'elle l'avait accompagné. Quelqu'un peut-il regarder les scènes de sa jeunesse et comparer les visions encore connues de cette époque avec la réalité vide de sa vie ? Tout semble inchangé, tout semble être resté immobile. Nous nous souvenons du tronc noueux de cet arbre, ses branches mêmes semblent avoir à peine perdu une brindille ; les mêmes fleurs sauvages poussent sous et autour des grosses pierres grises, où nous les cueillions si souvent, avec des branches souples qui sautaient sur la brûlure aussi légèrement que n'importe quel chevreuil. Maintenant nous nous courbons avec raideur, notre souplesse nous a disparu et nous avons peur même des tremplins ; ils sont toujours là, mais nous sommes terriblement changés. Mme Dorriman n'était pas assez âgée pour un contraste aussi douloureux, et son activité la poussait toujours à l'action, mais l'élasticité de son esprit avait disparu. Elle pouvait encore ressentir les choses avec acuité, mais son pouvoir de jouissance avait disparu ; elle craignait plus qu'elle n'espérait, elle avait perdu la fraîcheur de ses sentiments ; elle était attristée et maîtrisée, l'habitude de son esprit était la dépression, elle s'attendait au mal et non au bien. Depuis si longtemps, rien ne lui était venu sous forme de plaisir, au point qu'elle avait cessé de penser que le bonheur pouvait lui venir, et elle continuait sa vie sans aucun but, essayant seulement de faire ce qui était juste. Même le ciel lui semblait un rêve vague et lointain , qui n'était pas pour elle une joie positive à cause de ce dégoût inconfortable dont nous avons parlé à propos de la compagnie perpétuelle de son mari.

Mais lorsque leur repas informel mais confortable fut terminé et qu'ils se furent séparés pour la nuit, elle resta longtemps à regarder les projecteurs mobiles sur l'eau ; les coques noires des plus gros navires projetaient des ombres sombres contrastant vivement avec les rayons du clair de lune, les bateaux volant avec leurs lumières scintillantes ; le bruit des rames lui parvenait dans le silence ; de temps en temps, des cris rauques retentissaient tandis que les bateaux s'hélaient, des bribes de chansons montaient dans le vent léger qui attiquait son visage. Elle pouvait entendre les rires joyeux et effrénés résonner. Dans l'ensemble, la lune brillait resplendissante et le vent doux, soufflant du sud, était chaud et pur, goûtant la mer sur laquelle il avait parcouru tant de kilomètres.

C'était une de ces périodes de sa vie où toute sa nature protestait contre le malheur. Elle ne comprenait que vaguement (nous le comprenons généralement vaguement) ce qui lui donnerait le bonheur, mais elle aspirait à une vie plus élevée et plus remplie ; le refoulement perpétuel, la soumission de ses idées mêmes à un esprit plus fort l'irritaient, et tandis qu'elle joignait les mains, la pensée qui la réconfortait en ce moment était qu'ici elle pourrait avoir la liberté - ici, ce serait plutôt comme chez elle.

Combien de temps elle est restée là ! Les lumières s'éteignirent à mesure que les bateaux abordaient la côte, les bruits s'éteignirent, le sentiment d'être libre semblait lui montrer d'un seul coup à quel point elle craignait réellement son frère, puis lentement, la pensée de ces papiers revint devant elle. .

Ce problème l'emplissait toujours de douleur, la même crainte d'apprendre encore à se méfier de son mari, la même irrésolution l'envahissait, elle se retournait vivement et fermait la fenêtre, fermant ce souvenir douloureux avec une détermination résolue à ne plus y penser. tout à l'heure, et le lui ôtant de toutes ses forces. Même pendant qu'elle priait, elle était consciente de quelque chose à laquelle elle ne penserait pas, de la même manière qu'un péché secret peut être dissimulé et caché dans un coin de notre esprit (sachant qu'il est vu) et ignoré, alors que nous confessons tous les autres.

La matinée s'est levée d'une manière exquise, de légers nuages ont renforcé le soleil. Les filles, avec peu de regrets dans leurs vies passées, sont venues prendre le petit-déjeuner avec des « visages matinaux brillants » pleins du bonheur d'un changement délicieux et de toutes les attentes les plus agréables de ce que le monde leur réservait là-bas. Grace était radieuse ; Le visage plus calme de Margaret reflétait l'expression de sa sœur. Ils sortirent, accélérant les mouvements plus lents de Mme Dorriman avec un naturel et une impatience qu'elle ne détestait pas tant ils semblaient si près d'elle ; et elles regardaient autour d'elles avec toute la joie des filles qui n'avaient jamais rien vu de la vie, sauf dans les rangs serrés de la mode écolière, et qui s'arrêtaient maintenant pour regarder toutes les vitrines de la longue rue qui longeait la baie, en alternant celles-ci attention en regardant les bateaux, en revanche, glisser d'avant en arrière.

Mme Dorriman était presque aussi occupée qu'eux et participait pleinement à leur plaisir. Elle n'était pas supérieure au charme des casquettes, qu'elle portait avec une protestation mentale, ayant une grande quantité de cheveux, mais qu'elle trouvait effrayantes et qu'elle cherchait toujours à améliorer.

Ils venaient de se détourner d'un ensemble de ces maux nécessaires, lorsqu'elle aperçut une dame qui s'approchait d'eux, appuyée au bras d'un très grand jeune homme. Elle marchait très lentement et utilisait manifestement son bras sans sens conventionnel, mais comme l'exigeant réellement.

Alors qu'elle s'approchait, elle fixa ses yeux interrogateurs sur le visage de Mme Dorriman, fit une pause précipitée, poursuivit son chemin, se retourna et dit d'une voix interrogatrice : « Annie Sandford ?

"Lady Lyons ! Oui, j'étais Annie Sandford, je suis Mme Darriman."

"Et ceux-ci?" » s'enquit Lady Lyons, se tournant avec une grâce langoureuse vers Grace et Margaret.

"Miss Rivers et sa sœur", a déclaré Mme Dorriman, qui n'a jamais su exactement comment exprimer de manière concise leur lien avec son frère et qui était déterminée à l'expliquer à loisir.

"Oh," dit Lady Lyons, ayant évidemment besoin de plus d'explications maintenant, au moment présent.

"Les protections de mon frère… il est leur tuteur."

"Oh!" » dit encore Lady Lyons, mais cette fois d'une autre manière ; elle pensait avoir compris.

Puis elle a présenté son fils, qui est resté derrière et a parlé aux filles. Lady Lyons glissa sa main sous le bras de Mme Dorriman et ils marchèrent ensemble.

« C'est délicieux, commença le jeune Lyons en se tournant impartialement vers chaque sœur tour à tour, de trouver des connaissances inattendues dans ce petit endroit ennuyeux.

"Nous ne sommes venus qu'hier soir, nous ne trouvons pas cela ennuyeux", ont-ils dit dans un souffle. Grace ajoutant, de peur qu'il la méprise, "nous n'avons pas eu le temps de trouver cela ennuyeux".

"Qu'as-tu vu jusqu'à présent ?" Il a demandé; ajoutant dans un souffle, "non pas qu'il y ait vraiment quelque chose à voir."

"Nous avons vu... des casquettes", dit Grace en riant.

Il a ri avec une pleine compréhension et a cité "La passion qui règne..."

Margaret se sentait ennuyée et ne voyait pas vraiment pourquoi elle devrait être ennuyée. Pourtant, sa loyauté innée lui faisait détester même un ricanement sournois, et le regardant en face, elle dit : « Qu'y a-t-il à voir ici que vous trouvez intéressant ?

Il rit joyeusement ; "Comme vous êtes sévère, très sévère. Certains aiment la mer, d'autres s'extasient sur les collines ; cela dépend si vous aimez la nature ou la nature humaine. Il n'y a pas de choix ici, il n'y a que la mer et les collines, toujours les collines.

"Nous pensons que l'endroit est charmant", a déclaré Margaret, "et nous avons si peu vu, seulement l'école et Renton. Renton est un endroit tellement enfumé."

"Mais Renton Place est un bel endroit", a-t-il répliqué. "J'ai toute ma vie entendu dire que M. Sandford était millionnaire."

Marguerite rit. "Nous pensions que ce serait un bel endroit situé dans un grand parc. Je crois que nous pensions (Grace et moi) qu'il y aurait même des cerfs là-bas, mais c'est tout à fait différent : une maison carrée, une petite avenue et le ville juste devant les portes. »

M. Lyons avait l'air perplexe. "Comme c'est étrange!" commença-t-il lorsque Grace l'interrompit. "Tous les hommes très riches ont des caprices", dit-elle, sur un ton tout à fait différent de celui que Margaret avait jamais entendu utiliser auparavant. "Le caprice de M. Sandford est de vivre près de Renton, où il frappe de la monnaie, je crois."

"Ce n'en sera que meilleur pour ceux qui lui succéderont", dit le jeune homme en regardant Grace avec plus d'attention qu'il ne l'avait fait jusqu'à présent.

"Oui", dit Margaret avec franchise, "mais c'est une question qui ne nous intéresse pas."

"Ma chère Margaret, vous ne devriez pas faire ces affirmations très positives", dit Grace ; "Vous ne savez vraiment rien. Ma sœur est très jeune, M. Lyons, et les jeunes filles tirent toujours leurs propres conclusions, souvent sans rien vraiment sur quoi s'appuyer."

M. Lyons a dit en riant que sa jeunesse allait de soi. "Comme la jeunesse est belle !" s'exclama-t-il avec une fausse solennité, et Mme Dorriman fut surprise de les entendre tous déjà sur un pied si familier.

Elle et son amie se séparèrent avec enthousiasme. La pauvre Lady Lyons, vraiment en mauvaise santé et ayant de très nombreux problèmes à supporter, était sincèrement heureuse de revoir Mme Darriman ; et Mme Dorriman, bien que consciente de ses nombreux défauts en matière d'amitié, puisqu'elle ne pouvait se prévaloir que de connaissances et rien de plus, était très flattée de se trouver d'une telle importance pour une autre.

À la morne école où Mme Dorriman avait fait ses études ; Lady Lyons, alors une fille plus âgée, plus forte et plus belle qu'elle, l'avait été.

Mme Dorriman ne se souvenait pas qu'ils avaient été amis, mais maintenant l'ancienne familiarité faisait d'eux plus que des connaissances, et ils rencontrèrent ce terrain d'entente du « vieux temps » qui relie tant de choses.

Alors qu'ils approchaient de leur hôtel, un homme se tenait sur les marches et leva son chapeau. C'était M. Drayton.

CHAPITRE X.

Rien ne nous réconcilie autant avec un lieu que de se sentir pas tout à fait laissé de côté en matière de connaissances.

Les beaux paysages, sauf pour certaines âmes exceptionnelles, ne remplacent pas toute compagnie humaine. L'échange de pensées avec sa propre espèce est une nécessité particulière lorsque les petites tâches domestiques qui occupent habituellement le temps passé à la maison nous sont confiées.

Mme Dorriman, qui accordait une grande attention à tous les détails des affaires ménagères et avait le sentiment agréable de remplir ces tâches avec compétence, se serait sentie bloquée si elle avait été laissée à Lornbay sans personne de son âge et debout pour parler et parler. rien à faire. Même en matière de casquettes, c'était un plaisir de trouver un auditeur attentif, et Lady Lyons, une femme dont l'intérêt se limitait aux fluctuations de sa propre santé et au bien-être de son fils, pouvait écouter et lui accorder une attention intelligente.

Mme Dorriman exauçait le souhait de son frère en restant à l'hôtel. Elle était remplie de grands doutes quant à la qualité de la nourriture et résistait à toutes les tentatives visant à l'inciter à préférer des plats déguisés. Elle avait horreur de tout ce qui était inventé, sauf quand elle savait qui avait la tâche en main ; et son occupation avait disparu, maintenant elle devait accepter les dîners tels qu'ils étaient et n'avait plus rien à voir avec leur commande. Elle aurait infiniment préféré un logement (qu'elle n'avait jamais eu), et avait des visions de propriétaires tout à fait idéales et de grands pouvoirs d'interférence.

Une fois que son esprit s'était habitué aux scènes qui l'entouraient, elle se serait sentie ennuyée de manquer ses occupations Inchbrae, sans Lady Lyons. Lady Lyons avait vu beaucoup plus de monde que Mme Darriman ; mais voir le monde n'implique pas toujours une compréhension plus complète. Il est tout à fait possible de voir beaucoup de choses et de ne rien comprendre. Lady Lyons était une femme qui avait organisé ses idées avant de quitter le nid paternel et, en partie à cause de sa mauvaise santé, en partie à cause d'une compréhension limitée, elle était étroite d'esprit et pleine de préjugés, et tout était mesuré selon ses propres critères, et cela était aussi petit qu'il pouvait l'être.

Son caractère a agi fatalement sur son fils. Elle était restée veuve jeune (avec une fortune modeste et ce fils unique). Les gens étaient en extase devant la façon dont elle avait donné sa vie à son fils, ce qui signifiait qu'il n'allait jamais à l'école. Il a été éduqué selon ses lignes, sous ses propres yeux. Elle avait désespérément peur de la méchanceté du monde, les écoles étaient pleines d'iniquité, c'est pourquoi il n'est jamais allé à l'école. Il n'avait pas de compagnons. Elle avait peur qu'il connaisse des garçons ayant une expérience scolaire. Paul Lyons était content, ne sachant rien de mieux. Il a grandi étroit, égoïste et conséquent, son monde délimité par sa mère et lui-même, sans intelligence développée, sans noblesse de pensée, sans buts, sans aspirations, se pensant à tous égards supérieur aux autres hommes et ne s'intéressant à rien d'extérieur. sa petite taupinière.

Puis vint une brève expérience terrible.

Lady Lyons, dont la santé était plus mauvaise que d'habitude, reçut l'ordre de se rendre dans une station d'eau du sud de la France et d'hiverner à Nice.

Elle ne savait rien du monde ; et bien sûr, Paul, qui ne s'était jamais tenu debout nulle part, était également ignorant. Avant qu'il n'ait passé plusieurs jours dans ce petit endroit, il avait été pris en charge par la pire classe d'hommes possible ; et à Nice, il s'est retrouvé dans toutes les situations imaginables, a perdu de l'argent partout à Monaco, a été escroqué et mis dans toutes sortes de situations honteuses par ceux qui lui ont dit qu'ils feraient de lui un homme ; et se trouva terriblement endetté, malade et menacé de toutes sortes de pénalités avant d'avoir passé six semaines dans cet endroit.

Lady Lyons, prenant doucement l'air dans un fauteuil de bain dont elle s'encombrait, avec une forte inquiétude quant aux moyens de locomotion, rêvait dans une bienheureuse ignorance.

Elle avait donné des « principes » à son fils, pensait-elle, et elle imaginait que cela suffisait.

Paul a été forcé d'obtenir de l'argent d'elle, mais il lui a très peu dit ; en effet, la pauvre dame parlait toujours de Paul comme ayant été volé, et en parlant de ses aventures parlait comme s'il avait été un chevalier sans tache qui avait été volé parce que ses principes étaient trop bons pour lui permettre de gagner, et dans ces occasions, Même si le jeune homme rougit, tant de grâce lui restait, il faisait une grimace quand elle ne la regardait pas, exprimant sa stupide innocence et sa croyance en lui.

Ce début fait, il dévala rapidement la pente. Dès qu'un jeune homme élevé dans l'ignorance du monde conçoit le péché comme un signe de virilité, son destin est scellé.

Mais avant d'être complètement ruiné, il fut arrêté par une longue et terrible fièvre dont il mit beaucoup de temps à se remettre. Lady Lyons, qui, bien que mère faible et étroite d'esprit, était une mère affectueuse : l'anxiété était trop forte pour elle, et son rétablissement fut suivi par une attaque de paralysie.

Lorsque la pauvre Lady Lyons se rétablit, elle était plus faible qu'avant et son fils apprit, presque pour la première fois, que ses revenus provenaient presque entièrement d'une pension (son mari, un KCB et un général indien, lui était garanti). ; et que lorsqu'elle mourut, la petite maison de Cumberland et quelques milliers de livres sterling, sur lesquelles il avait déjà donné de lourdes obligations, étaient tout ce à quoi il avait à penser.

Il était trop tard pour commencer une profession ; il en savait trop peu pour pouvoir comprendre quoi que ce soit. Il n'y avait qu'une seule voie qui s'offrait à lui, c'était d'épouser quelqu'un qui avait de l'argent. Il avait une grande taille et était beau, bien qu'il ait un visage faible, et il était lui-même convaincu que lorsqu'il voyait quelqu'un qui le « chercherait », et à qui il était enclin à jeter le mouchoir, ce serait repris avec enthousiasme. Il y a des hommes qui pensent de cette façon.

Lorsque Lady Lyons est venue à Lornbay, dans l'espoir de profiter de son air doux, Paul Lyons l'a bien sûr accompagnée. Son meilleur trait était son affection pour sa mère, même s'il méprisait son ignorance du monde et était ouvertement indigné qu'elle l'ait tenu en laisse toute sa vie et ne lui ait pas donné « une chance avec d'autres camarades ».

Lady Lyons avait l'habitude de discuter faiblement avec lui à ce sujet. « Voyez, mon cher Paul, combien vous êtes plus gentil et meilleur que les autres jeunes hommes », disait-elle avec un soupir. « Les écoles enseignent tellement de méchanceté aux garçons », et Paul haussait les épaules et disait quelque chose d'ambigu qui la laissait perplexe.

C'était le jeune homme que le destin et Mme Dorriman présentèrent à Grace et Margaret Rivers. Chaque jour maintenant, on entreprenait une promenade ou une petite expédition à laquelle Paul Lyons se joignait.

Lady Lyons avait le sentiment maternel que Paul, étant son fils, était un compagnon si sûr et si agréable pour tout le monde. Elle était très amusée que Mme Dorriman considère qu'il était nécessaire d'agir comme chaperon. « Ce n'est que Paul », disait-elle avec un petit rire.

"Mais il n'est pas 'seulement Paul' pour nous ; c'est un jeune homme sans lien de parenté. Je ne veux pas être ridicule, mais j'ai la responsabilité et je veux faire ce qui est juste."

Ce petit discours sur la responsabilité a forgé un autre maillon dans la chaîne des événements, même si Mme Darriman a parlé en toute innocence de l'existence d'une quelconque chaîne. Il ne nous est pas toujours donné de savoir quand nous écrivons l'histoire.

« Mon cher Paul, » dit Lady Lyons, alors que la mère et le fils bâillaient peu après à travers les restes d'une soirée, « je pense avoir fait une découverte ; ces deux filles, les filles Rivers, sont riches ou vont l'être. très riche. C'est pourquoi la pauvre chère Mme Dorriman fait tant d'histoires à leur sujet et les rassemble ainsi.

"J'ai fait cette découverte il y a longtemps, maman," et Paul rit. "La difficulté dans mon esprit est de savoir si elles seront égales, ou si l'une sera héritière et l'autre aura de faibles compétences."

"Mon cher Paul, il faudra faire attention ; comme tu es intelligent ! Je n'y avais jamais pensé." Et cette nouvelle idée fit que Lady Lyons tenait son tricot si négligemment qu'elle laissa tomber quelques mailles, un fait (comme d'habitude) qu'elle ne découvrit jamais avant d'en avoir fait une bonne partie, lorsqu'elle fut intensément surprise de voir un très grand trou et ne put imaginez comment c'est arrivé là.

me le cachent pas ."

" Mon cher Paul ! en est-il là ? " et Lady Lyons le regardait depuis son canapé avec un regard maternel véritablement admiratif.

"Je ne sais pas ce que vous voulez dire par là", dit Paul, insérant son index avec une immense difficulté entre son col serré et sa gorge très harcelée; "Mais ils parlent d'une manière que je ne peux m'empêcher de comprendre. Old Sandford frappe de l'argent et économise de l'argent, cela signifie quelque chose comme de la richesse pour ses héritiers ou ses héritières."

"C'est effectivement le cas", a déclaré Lady Lyons, avec des yeux pétillants. "Paul, c'est si étrange, mais quand tu étais un tout petit bébé, ta pauvre vieille nourrice disait toujours que tu étais né pour épouser une femme riche. Combien de fois je me moquais d'elle - et maintenant cela deviendra réalité. Mon cher garçon !"

"Je pense que vous allez trop loin maintenant, mère; je me sens loin derrière vous. Je ne trouve rien d'une promesse définitive. Nous ne savons rien de M. Sandford."

"Je sais beaucoup de choses sur lui", dit Lady Lyons avec empressement. " Mme Dorriman parle tellement de lui ; peut-être qu'elle ne m'en a pas vraiment dit beaucoup ", ajouta-t-elle avec le sentiment d'avoir nourri de faux espoirs ; Les confidences de Mme Dorriman sur son frère, elle s'en souvenait maintenant, concernaient uniquement des sujets frivoles, son penchant pour les plats démodés, etc., et son aversion pour les autres.

"Bien sûr, mère, je ferai attention à ne laisser aucune des jeunes dames croire que je suis sérieux jusqu'à ce que je sache quelque chose de précis."

"Bien sûr que non, ma chère", dit distraitement Lady Lyons. Puis soudain, une expression d'intelligence apparut sur son visage. " Oh ! mon cher Paul, comme je suis stupide. Je me souviens très clairement maintenant que Mme

Dorriman a répondu à une remarque que j'avais faite sur l'apparence de Margaret et a dit : " Je l'admire beaucoup, et je suis sûr que mon frère l'admire, il ne l'admire jamais. la quitte des yeux. Il dit qu'elle est l'image de sa femme et qu'elle lui ressemble par son caractère ; Je me souviens si bien de ses paroles maintenant ; mais je peux facilement en reparler et lui faire dire quelque chose de plus. »

"Je pense qu'elle vous en a assez dit", rit son fils, et il se dirigea vers la fenêtre en fredonnant une mélodie, et sa mère, après avoir essayé en vain de le faire parler, s'endormit bientôt et se coucha.

Longtemps après son départ, il arpentait la pièce ; puis il alluma sa bougie et se prépara à se coucher aussi. Il y avait un sourire sur son visage, qui persista jusqu'à ce qu'il soit complètement au lit. Puis il se murmura quelque chose : « Je suis content que ce soit Margaret », dit-il, puis il se retourna et s'endormit.

Pendant ce temps, les filles étaient heureuses, même si Grace était un peu agitée. Sortir se promener, rencontrer deux ou trois personnes, manger, boire et dormir, ne lui suffisait pas ; elle voulait quelque chose de plus, elle avait un parfait besoin d'excitation. Ce n'était pas la vie dont elle avait rêvé. Mais pour Paul Lyons, ce serait pire, mais entre elle et Paul s'était établi une sorte de perpétuel échange de paroles qui la satisfaisait puisque cela occupait tout son temps. Margaret n'était nulle part à ce sujet, et Grace était heureuse d'avoir le seul cavalier à sa portée, entièrement à son service.

En effet, Margaret, avec la franchise inutile d'une jeune fille, le piquait par ses sentiments ouverts et non dissimulés non seulement d'indifférence, mais aussi d'aversion.

Il y a un instinct dans l'enfance intacte qui est souvent un guide infaillible. Margaret n'aimait pas Paul Lyons dès le début ; le changement de ton fréquent, les observations méprisantes à chaque instant sur les goûts de Mme Dorriman, que Grace trouvait si naturels et si spirituels, lui déplaisaient. Elle le pensait pire qu'il ne l'était. Ses manières avec sa mère étaient si insouciantes, et il se moquait si ouvertement de ses opinions, qu'elle ne lui accordait aucun crédit pour les heures qu'il passait auprès d'elle lorsqu'elle était malade, ni pour l'affection qu'il avait pour elle. Elle le trouvait haineux. Elle avait une haute idée de ce qu'un homme devrait être, et son expérience limitée ne lui était pas heureuse. Un grand soulagement fut le fait que, hormis cette rencontre sur les marches de l'hôtel, M. Drayton resta invisible. En effet, lorsqu'ils se rencontrèrent de cette façon spasmodique et imprévue, il attendait qu'un bateau à vapeur l'emmène plusieurs milles dans une autre direction, et il était parti, déterminé cependant à revenir le plus tôt possible.

Après la conversation avec sa mère, Paul commença à prendre beaucoup plus de peine à se recommander à Margaret. Il était comme la plupart d'entre nous : attiré par elle en la voyant ce qu'il souhaiterait être. Elle avait tellement de ce qui lui manquait. Elle était calme, réservée, singulièrement intrépide dans ces rares occasions de s'affirmer, et désapprouvait si ouvertement quand il disait ou faisait quoi que ce soit qui démentait ses professions, qu'il se surprit à avoir honte de lui-même. Sous le regard de ses yeux purs et sans nuages, il se sentit indigne, et elle éveilla en lui le désir de quelque chose de mieux. Il commença à regarder en arrière avec dégoût et lassitude les parties de sa vie où il avait cru avoir vu la vie et vécu ; une virilité meilleure et plus vraie lui devint visible.

Elle était beaucoup plus jeune, mais tellement plus sage, pensa-t-il ; peu à peu, il tomba d'une profonde admiration dans le désespoir, puis revint du désespoir à l'espoir car elle était gentille avec lui, et se retrouva désespérément amoureux, avant qu'il sache bien de quoi il s'agissait.

La sincérité de son amour était prouvée par sa véritable humilité. Qu'avait-il à offrir à ce jeune brave qui avait parlé avec tant de légèreté de jeter son mouchoir ? Lorsque sa mère lui parlait de ses perfections, il se sentait amèrement humilié. La grâce sereine des manières de Margaret, l'indifférence sans limite quant à sa présence ou à ses allées et venues, étaient pour lui une terrible mortification, et il ne pouvait aller nulle part pour se consoler. Il savait que la seule idée de consolation de sa mère serait la flatterie, et il avait appris à détester cela.

Le dévouement intense de Margaret envers sa sœur était pour lui quelque chose de beau et de merveilleux, même s'il ne pouvait parfois s'empêcher de l'éclairer sur sa propre supériorité, pour ensuite le regretter car cela rendait Margaret froide et en colère contre lui.

« Vous faites de votre sœur une idole, lui dit-il un jour ; "tu la trouves si belle. Tu es bien plus belle et bien, bien plus belle."

"Vous ne devriez même pas me dire ces choses", dit Margaret sérieusement, "même si je sais que vous ne pouvez pas vous empêcher d'essayer de me flatter - c'est votre façon de faire la conversation, je pense."

"J'aimerais que vous sachiez à quel point je suis sérieux", dit-il avec passion. "Tu ne peux pas réaliser à quel point je me sens mieux avec toi ; quelle bonne influence tu as sur moi. Ce n'est pas de la flatterie."

"Cela ressemble beaucoup à ça", dit Margaret, tournant vers lui son jeune visage grave et permettant à un petit sourire d'éclairer ses yeux.

"Maintenant, tu te moques de moi", dit-il d'un ton blessé. "Comment puis-je te faire me croire ?"

"Voici ta mère qui arrive", dit Margaret, beaucoup trop inconsciente de ce qu'il voulait dire pour être le moins du monde embarrassée. "Vous avez fait de votre mieux pour m'amuser, et si vous avez échoué, ce doit être ma faute, pas la vôtre."

Elle se détourna légèrement de lui et il la regarda avec des regards courroucés. Pourquoi mettait-elle toujours de côté ses discours et le traitait-elle sans conséquence ? Qu'est-ce qui l'avait amené à échouer si complètement avec elle ? Pourquoi était-elle si différente des autres filles ?

Grace, par exemple, acceptait ses discours (dans lesquels il n'avait conscience de rien) comme son dû, avec une satisfaction évidente. Elle croyait implicitement tout ce qu'il lui disait ; et quand, comme cela arrivait parfois, il montrait un peu de son profond dévouement à Margaret, elle l'acceptait comme si c'était un compliment indirect pour elle-même. Sa vanité était d'ordre ouvert et non dissimulé, et l'enveloppait si complètement qu'aucun sarcasme ne pouvait la blesser, aucun affront ne pouvait la blesser ; et il était souvent sarcastique, et souvent involontairement snobé et se repentait, jusqu'à ce qu'il s'aperçoive que les deux étaient également perdus pour elle.

Quelle chose délicieuse cela doit être de vivre enveloppé dans une armure de ce genre ; être insensible aux attaques amicales et hostiles que le monde dans son ensemble considère comme bonnes pour la pauvre humanité.

Grace ne connaissait pas beaucoup le monde, mais les quelques personnes qu'elle connaissait ne pouvaient jamais la toucher, et M. Paul Lyons était tantôt étonné, tantôt amusé de voir comment elle traversait sa vie, se délectant de l'idée que chaque tour la partageait. propre croyance suprême en sa supériorité.

Comme il avait essayé de convaincre Margaret de croire un peu en lui — forcée d'avouer, à maintes reprises, qu'il avait échoué. Elle était toujours la même, douce, froide et totalement indifférente.

Les efforts de Lady Lyons pour obtenir des informations de Mme Dorriman furent également des échecs dans une autre direction. Que pouvait-elle dire, étant elle-même dans l'ignorance totale de la situation de son frère ?

Une femme qui avait eu une quelconque expérience du monde devait avoir vu à travers les efforts transparents de sa mère pour connaître quelque chose de tangible. Mme Dorriman n'en a pas du tout compris. Elle a parlé assez placidement des divers sujets avancés par son amie ; mais c'était une personne parfaitement véridique ; elle ne pouvait pas inventer, elle n'avait pas d'imagination et, par conséquent, elle ne pouvait rien supposer ni rien suggérer.

« Cela doit être un tel réconfort, ma chère Anne, d'avoir un frère très riche sur qui s'appuyer », lui dit un jour Lady Lyons, regardant son visage avec un peu d'impatience pendant qu'elle parlait.

"Je suppose", dit Mme Dorriman d'un ton dubitatif, réfléchissant que, lorsqu'elle avait besoin de quelque chose, il était toujours très difficile de le lui demander.

"Quelle chose immense pour ces filles, à moins qu'il ne se marie."

Mme Dorriman leva les yeux, très perplexe devant le ton de son amie.

"Je suppose que c'est une bonne chose pour eux", dit-elle lentement. "Je ne pense jamais que mon frère se remariera ; il aimait tellement sa femme, la pauvre !"

"Très gentil, très convenable", dit Lady Lyons, "et, pour le bien des filles, espérons que cet état d'esprit continuera. Je suis sûr, ma chère Anne, pour leur bien, que vous exercerez votre influence contre de tels un pas. A son époque de la vie——"

" Ce n'est pas un vieil homme ", dit très précipitamment Mme Dorriman, " et, quant à l'influence, ma chère, si mon frère souhaitait épouser quelqu'un, je n'en entendrais probablement rien jusqu'à ce qu'il me présente sa femme. Quand il se décide, il agit", a déclaré Mme Dorriman, pensant avec un petit frisson à son propre mariage et à d'autres choses.

"Je ne suis pas sûre de trouver cela tout à fait agréable chez un homme", et Lady Lyons dégrafa un bracelet étroit qu'elle portait et le serra avec beaucoup de soin ; soucieux de ne pas avoir l'air trop intéressé et désireux d'en savoir plus, tout de même.

"Mon frère ne dépend pas de la société des femmes ; il ne l'a jamais été. Sa propre mère est morte jeune, puis il est parti. Je n'ai jamais été beaucoup pour lui."

"Pauvre homme ! Mais maintenant, ma chère Anne, tu devrais l'humaniser un peu. Si une fois qu'il s'habitue à avoir toi et les filles, vous lui manquerez tous, et les filles lui manqueront chaque fois qu'elles se marieront."

Mme Dorriman n'a pas répondu. Oui, Margaret lui manquerait – il avait hâte de la garder.

Comme toutes les personnes ayant un mobile, Lady Lyons avait très peur que son mobile soit découvert ; et elle hésitait maintenant, poussée par son grand désir de pouvoir guider son fils et de découvrir, avant qu'il ne soit trop tard, quelque chose de précis sur « ces filles Rivers ».

"Je suppose que les filles sont si aisées que le fait qu'il se marie ou reste célibataire ne peut guère les affecter", dit-elle en reprenant son tricot et en observant attentivement le visage placide de Mme Dorriman.

"Oh mon Dieu, non!" dit cette pauvre petite dame surprise, mon frère les a beaucoup aidés, ils lui doivent vraiment beaucoup.

" Ah ! alors il est sûr de subvenir à leurs besoins, " dit Lady Lyons, " confortablement, surtout à Margaret. "

Mme Dorriman la regarda un peu surprise. Avait-elle dit quelque chose ?

"Nous ne savons rien. Il aime Margaret. Il aimait…" Elle s'arrêta net, elle ne pouvait pas dire que cette décision, initiée par Grace et suivie par Margaret, l'avait blessé et offensé. Elle savait qu'il était offensé, mais tout ce qui se passait appartenait au caractère sacré du foyer. Elle se sentait coupable d'une certaine manière. Réticente et réservée en général, comment se fait-elle qu'elle ait permis à Lady Lyons d'aborder ces questions ? Avec un petit mouvement de la tête et des épaules, expressif de sa résolution, elle fit face à Lady Lyons et dit calmement :

"Je préférerais ne pas discuter des intentions de mon frère, que je ne connais pas. Je ne sais vraiment rien et les conjectures sont inutiles."

« Nous ne discuterons pas de ses intentions, » dit Lady Lyons avec une gaieté qu'elle ne ressentait pas ; "Un homme qui s'est montré si bon et si gentil n'est pas susceptible de jeter ces pauvres filles sans le sou dans le monde. Je peux prophétiser avec certitude que Margaret sera son héritière." Elle sourit à Mme Dorriman, qui n'avait aucun sourire à lui rendre. Elle fut surprise et vexée contre elle-même. Elle n'avait pas le droit de parler de son frère. Elle était convaincue que ses actions seraient entièrement régies par le sentiment du moment. Il aimait Margaret ; si Margaret l'offensait, son attachement ne la sauverait pas des effets de son mécontentement. Elle commençait à le comprendre, à voir que tout devait être soumis à sa volonté, que le trait le plus grand et le plus fort de son caractère était son amour du pouvoir.

Après cette conversation, Lady Lyons n'a pas perdu de temps pour avertir son fils.

"Rien n'est réglé", a-t-elle déclaré. "C'est peut-être Margaret, mais c'est un homme plus jeune que je ne le pensais, et il peut se marier ; mon cher garçon, vous ne devez rien faire de manière imprudente."

Il tourna le sujet avec un rire, dans lequel, à vrai dire, il n'y avait pas beaucoup de gaieté. Sa passion pour Margaret était en tout cas sincère, et avec ses fréquentes occasions de se rencontrer, il lui devenait absolument impossible de lui cacher ses sentiments.

Avant qu'elle ait pu l'arrêter, il lui racontait précipitamment son histoire, la regardant en face, qui montrait du dépit et du regret, mais aucune passion, aucun amour, aucune réponse à son dévouement.

Il y lut sa réponse et son désespoir la toucha. Elle était affligée et consternée ; il lui avait toujours paru si insignifiant, si insignifiant, comment avait-elle pu croire qu'il était capable d'un amour si fort ?

Mais son grand réconfort à travers tout cela était la base même sur laquelle il s'est posé ; il serait guidé en toutes choses par elle, elle serait son bon génie, sa conscience. Il ferait toujours ce qu'elle voulait. Elle serait son ange gardien ! Cela a facilité le refus.

Elle recula devant ses mains tendues.

"Je ne peux pas", dit-elle. "Je ne peux pas ! C'est impossible. Je ne pourrai jamais te donner l'amour que tu demandes."

"Tu le penses maintenant, Margaret - je peux t'appeler Margaret - tu es si jeune que tu ne sais pas; n'essaieras-tu pas, ne peux-tu pas me laisser espérer?"

" Ne voyez-vous pas, " dit-elle, avec dans les yeux la douce réprimande qu'aurait pu avoir un ange, " que l'amour doit venir ? Et il y a autre chose. "

"Tu ne me le diras pas ?" il parlait à voix basse.

"Je vais vous offenser."

"Tu ne peux pas m'offenser."

"Quand j'aime, si j'aime, ce doit être un homme", dit-elle, et son visage rayonnait, "un homme qui n'a pas besoin de la direction d'une jeune fille faible, mais qui fait ce qu'il a à faire avec un sens élevé. de droit, qui a des objectifs élevés, qui est au-dessus de moi en toutes choses. »

"C'est une folie !" s'écria-t-il avec colère ; "Vous gâcheriez tout mon bonheur à cause d'un vague et idéal sens du droit. Vous ne rencontrerez jamais cet idéal. Tous les hommes vous admireront, belle Margaret. Vous n'en trouverez jamais un au-dessus de vous."

"Peut-être pas", dit-elle, "mais alors je n'aimerai jamais."

Ils se séparèrent, elle était triste mais ferme, et lui malheureux et découragé. Il sentait la vérité de beaucoup de ce qu'elle disait et était suffisamment amoureux pour la penser alors qu'il la jugeait cruelle.

« Si ma mère avait agi différemment, pensa-t-il avec amertume, m'aurait-elle fait jouer un rôle d'homme ! puis une rougeur de honte lui monta au visage. "Pourquoi lui en vouloir ? Est-ce que c'en valait la peine ?" Il s'éloigna et chercha rapidement à apaiser sa déception. Personne ne devait jamais le savoir, et Margaret était si jeune. Dans le futur, peut-être.

C'est ainsi que lorsque la pauvre Lady Lyons lui fit ses précautions bien intentionnées, son rire fut plein d'amertume.

Elle le remarqua cependant et s'attribua un grand mérite de l'avoir tellement influencé que son fils évitait Margaret; et pas du tout compréhensive, pensant simplement qu'il suivait ses conseils, elle pensa que son évitement était peut-être trop marqué. Comme une mère, elle doit intervenir un peu, il doit reculer mais pas au point de rendre impossible l'avancée ; supposant....

« Tu es un cher et bon garçon », lui dit-elle tendrement le soir, quand, un livre devant lui et ses yeux sombres fixés sur le feu, il était assis, redoutant qu'elle l'observe ; " tu es toujours si doué pour suivre les conseils de ta pauvre vieille mère. Je vois que tu laisses les filles Rivers tranquilles. Il ne faut pas en faire trop, ma chérie. S'il y a de l'argent, si ce n'était pas une imprudence, ce ne serait pas une mauvaise chose. , et puis, vous savez, ils pourraient être mécontents que vous les ayez abandonnés . Ne pourriez-vous pas garder des amis sans… »

"Sans quoi, maman ?" » demanda-t-il d'une voix rauque qui la surprit un peu.

« Je cherche un mot, ma chère, » répondit-elle franchement ; "Je veux un mot pour exprimer ce que je veux dire et cela ne semble pas trop fort."

Paul rit ironiquement.

"Chaque, maman, et quand tu auras trouvé le mot, tu pourras me le répéter."

"C'est tellement ennuyeux de votre part de rire, mais ce que je veux dire, c'est qu'il n'y aurait aucun mal à ce que vous y prêtiez une certaine attention, à condition toujours de ne pas vous engager *complètement* ."

"Et si la fille m'aimait", demanda Paul en la regardant avec des yeux brillants, "et alors, si je ne m'étais pas engagé ?"

" Mon cher Paul ! Aucune fille bien élevée ne songerait à s'attacher à vous, ne serait amoureuse de vous avant que vous n'ayez dit quelque chose. Au moins, " dit Lady Lyons en se redressant et en paraissant très vertueuse, " dans ma jeunesse, les filles auraient trouvé cela très mal. »

"Maintenant, il me semble, mère, que cette idée est très froide et cruelle ; est-ce que ton amour pour moi t'aveugle tellement que tu ne peux pas voir cela ?"

"Je suis de sang-froid et cruel ! Oh, Paul, qu'ai-je fait", dit la pauvre femme, impuissante, "pour que tu me traites de tels noms ?"

"J'ai qualifié votre idée de cruelle et elle est cruelle", dit Paul avec chaleur, "vous ne pensez pas à ce que vous me conseillez de faire. Dieu sait qu'il n'y a rien en moi pour gagner l'amour d'une bonne fille, mais vous me conseillez d'essayer et fais-le, et pourtant, tandis qu'en acte je dis que je t'aime et que je la supplie de m'aimer en retour, je peux me sentir libre et être libre parce qu'en *paroles* je n'ai rien dit, je trouve cela honteux, mère ! Il se leva et parcourut précipitamment la pièce, puis, s'adoucissant à la vue de sa détresse, il se pencha et l'embrassa. "Pardonnez-moi si je parais dur et méchant, mais je suis très malheureux, très misérable", et, se rasseyant, il posa son visage sur ses bras.

La pauvre Lady Lyons, vivant dans sa ronde monotone de petits devoirs, jamais excitée et ne se laissant déranger par aucun intérêt ne touchant pas son fils, était singulièrement perplexe. Quelque chose semblait tout à coup différent. Elle et son fils avaient souvent eu des divergences d'opinions, mais il s'était parfois offensé, et elle s'était plainte, et elle avait toujours été si heureuse de lui pardonner. Et maintenant, tout à coup, il lui en voulait ! Elle ne pouvait pas se mettre immédiatement dans la nouvelle position. Son esprit faible, limité tout entier par son affection pour son fils, ne voyait rien au-delà de cet horizon.

La réconciliation, lorsqu'elle eut lieu, ne satisfit pas entièrement ses sentiments, car Paul ne dit pas qu'il était désolé : au contraire, il discuta avec elle et lui laissa le poids d'une défaite. Elle alla dans sa chambre et, tandis qu'elle sirotait la fine bouillie qui réconfortait ses heures du soir, deux ou trois larmes coulèrent sur son visage, et elle fut consciente d'une expérience nouvelle et très douloureuse qui lui était soudainement confrontée.

À la même heure, Margaret et Grace regardaient la mer au clair de lune – une scène qui ne pâlit jamais Margaret et que Grace partageait par oisiveté.

L'amour de Paul Lyons et son appel à Margaret n'étaient pas évoqués, même à sa sœur. Pauvre garçon! son affection doit être sacrée aux yeux insouciants.

Alors qu'ils observaient la mer, soudain un yacht majestueux apparut dans la lumière la plus vive.

Ses voiles blanches étaient tendues pour capter chaque murmure du vent léger, et elle ressemblait à un grand et charmant oiseau de mer, voletant vers son nid.

Les sœurs s'étaient familiarisées avec les différents navires et yachts qui effectuaient des voyages plus ou moins longs et retournaient ici à leurs amarres, mais c'était quelque chose de nouveau.

Ils la regardèrent prendre sa place avec une certaine curiosité, regardèrent les lumières bouger, entendirent les brefs mots d'ordre aigus résonner sur l'eau, tous inconscients de l'intérêt nouveau qu'elle apportait, en toute ignorance, à leur vie.

CHAPITRE XI.

M. Sandford est revenu de son voyage, sachant qu'une fois arrivé chez lui, il ne trouverait personne. Il avait choisi ce moment pour quitter la maison parce que c'était le moyen le plus simple d'éviter une explication qui, il se rendait à moitié compte, devait prendre la forme d'excuses.

Il était parfaitement vrai qu'il pensait que sa sœur avait une vision exagérée de ce qui s'était passé, mais ce sens du bien et du mal qui n'abandonne pas un homme pendant de nombreuses années le convainquit de blâmer. Il n'était pas possible pour une fille pleine d'entrain de se soumettre au pied sur lequel il essayait de mettre Grace, mais il avait fini par ne pas l'aimer, et cela ne le dérangeait pas du tout de lui avoir fait du mal. La seule question concernait Margaret.

Oui! Margaret était différente. Il pensait souvent à son expression, à la manière dont elle s'indignait lorsqu'il s'agissait de Grace ; et il regrettait de ne pas avoir eu de contrôle sur elle. Les choses pourraient-elles un jour s'arranger à nouveau entre eux ?

Il y a des vérités qui se font sentir sans être pensées, encore moins dites ou mises en mots, et une vérité lui était alors présente. Dès l'instant où la moindre question d'obligation s'insinue dans la relation étroite entre l'un et l'autre, et que le soupçon de gratitude devient *possible* , à ce moment le caractère de l'amour subsistant change de manière subtile. Entre ami et ami, c'est différent ; là souvent l'un reçoit, l'autre donne ; mais dans le cas de parents proches, l'attente d'un peu de gratitude fait la différence entre eux. Entre sœurs, une sorte de communisme est un des liens qui les unissent ; une propriété commune, un droit au partage, et l'une des déceptions de la vie est lorsque, sous l'effet d'une influence extérieure ou d'un changement de position, ce lien étroit dérive vers une position relative d'inégalité.

M. Sandford savait qu'en se liant d'amitié et en adoptant les nièces de sa femme, qui n'étaient pas ses parents, il agissait d'une manière aimable, sinon généreuse ; il les avait aidés à s'éduquer et il leur avait offert un foyer. Pour ces choses, il méritait qu'ils le considèrent et lui en soient reconnaissants. Mais, d'un autre côté, s'il leur rendait la maison intolérable, il neutralisait le cadeau et en gâtait la saveur.

Outre ce penchant pour le pouvoir, qui faisait partie de son caractère même, il concevait qu'il avait obtenu par ses actions spontanées un certain droit sur elles, et il entendait bien exercer ce droit. Puis, malgré tout le caractère déraisonnable d'un homme qui ne sait jamais voir les deux côtés d'une question, il fut profondément déçu qu'on ne lui témoigne pas plus d'affection. Il voulait qu'on l'appelle « oncle », mais il ne le disait jamais, et les filles, pour qui il avait toujours été une « quantité inconnue », n'avaient jamais pensé à une appellation aussi naturelle.

Il aimait être craint ; il souhaitait aussi être aimé, surtout de Margaret, vers qui il avait le plus fort penchant.

Alors qu'il montait chez lui, le regard calme et doux de sa sœur et les voix gaies et féminines lui manquaient ; la maison le frappa douloureusement, elle était si triste et si triste. Il était attendu, mais pas si tôt. Dans le salon, c'était le silence et la fraîcheur ; il n'y avait pas de feu dans la cheminée, le tapis était enroulé, tout semblait presque être un mort ; et avec un frisson, un profond effondrement et une profonde dépression, il se rendit dans sa propre chambre – cette petite pièce en bas où ses plans étaient élaborés, et où ses succès et ses échecs étaient affrontés et maîtrisés.

Ici, un feu commençait lentement à s'allumer et la pièce était froide. Anne aurait veillé à cela, pensa-t-il, oubliant qu'il était revenu quelques heures plus tôt que prévu, découvrant qu'une personne qu'il voulait voir pour affaires était partie dans le Sud.

La chambre était scrupuleusement rangée, mais si triste ; il essayait de se rappeler comment tout cela s'était passé il y a longtemps (il pensait que c'était il y a longtemps), avant qu'il ne soit malade, avant que sa sœur Anne et les filles ne viennent le voir ; et il se souvenait du sentiment morne et désolé de la maladie qui l'envahissait, et de la façon dont il avait alors souffert.

Une pile de lettres, soigneusement rangées, était posée sur sa table à écrire, et il les parcourut. Il y en avait un de sa sœur et il l'a repris.

Ce n'était pas très long, mais cela l'emplissait d'un certain malaise. Mme Dorriman, toujours soucieuse de remplir sa confiance et de se montrer digne de ses responsabilités, lui a esquissé leur vie et, sans insister outre mesure, lui a fait savoir qu'une autre personne était prête à lui témoigner son appréciation pour Margaret. . Et il voulait tellement que Margaret soit chez lui avec lui, au moins pendant quelques années. Elle était si jeune et, si seulement on se débarrassait de sa sœur, il pensait qu'elle finirait par l'apprécier.

Pourquoi était-ce toujours Margaret ?

Mme Dorriman a également mentionné l'aperçu qu'ils avaient eu de M. Drayton, l'homme de qui il avait tant espéré, qui semblait si franc et si réservé, et qui l'avait déçu et dérouté à bien des égards.

Il voulait aussi Margaret. Il était arrivé là par hasard. Bien sûr, il reviendrait, et M. Sandford se leva et arpenta la pièce, s'arrêtant pour attiser le feu violemment, si violemment que les bâtons nouvellement allumés s'effondrèrent, le charbon étouffa la flamme vacillante et le feu s'éteignit.

Avec une exclamation d'agacement, M. Sandford sonna. Jean, nerveux pour l'occasion, y répondit, qui cherchait une occasion de lui parler, beaucoup trop impressionné par lui pour le surprendre sans ouverture.

Elle regarda le feu et comprit ce qui s'était passé, partit chercher de nouveaux bâtons, posa et ralluma le feu en quelques secondes, puis le confronta et lui demanda s'il voulait autre chose.

"Quand dois-je dîner ?" » demanda-t-il brusquement.

"Vous pouvez manger quelque chose maintenant s'il vous plaît; le dîner peut avoir lieu à tout moment après sept heures", a déclaré Jean. « Vous avez l'air froid, monsieur ?

"La maison est comme un iceberg", dit-il d'un ton grognon et plaintif, "assez pour donner froid."

"C'est triste et ennuyeux et assez froid, monsieur, sans personne, mais seulement un homme", a déclaré Jean. "Ce n'est pas très réconfortant pour un homme d'être seul."

« Avez-vous des nouvelles de Mme Dorriman ? Il a demandé.

"Oh, certainement, monsieur, elle m'écrit des heures."

"J'ai une lettre, je suppose qu'elle va bien ?"

"Elle ne se plaint pas d'une mauvaise santé; ce n'est pas que Mme Dorriman ait l'habitude de se plaindre", a déclaré Jean; "Elle supportera beaucoup de choses, n'est-ce pas Mme Dorriman, plutôt que de dire un mot."

Est-ce qu'elle voulait dire quelque chose par là ? M. Sandford la regarda attentivement et jugea préférable de ne rien dire.

« À quelle heure souhaitez-vous dîner, monsieur ? demanda Jean.

"Oh ! n'importe quand après sept heures", répondit-il, et il y avait une certaine lassitude dans son ton qui la frappa.

Elle n'en dit pas plus, mais regarda le feu qui flambait maintenant et retourna dans son domaine.

Il était encore tôt dans l'après-midi, mais le manque de clarté de l'air tout autour rendit bientôt l'obscurité.

Sur une table bien rangée et apparemment confortable, se trouvait le thé de Jean, bien que la théière, une de ces délicieuses affaires en faïence brune, produisant en quelque sorte un thé si excellent, se trouvait sur une plaque chauffante devant le feu.

Jean porta de délicates tartines et disposa un petit plateau ; elle versa la première tasse, résolue à lui donner le meilleur, et fut bientôt de retour dans sa chambre. Sa grande panacée à tous les maux était entre ses mains, et M. Sandford, qui avait besoin de confort et de chaleur, et ne comprenait pas à quel point il désirait les deux, était assis, regardant le feu d'un air maussade, conscient que la vie n'allait absolument pas chez lui d'une manière ou d'une autre.

Il reçut l'attention de Jean sans grande gratitude apparente, mais quand elle fut partie, il s'y tourna pour se consoler et mangea tous les toasts, comme Jean le nota ensuite avec beaucoup de satisfaction.

Puis il lut ses lettres, se sentant mieux ; et une lettre qu'il tint longtemps à la main.

M. Sandford, bien que connu pour être un homme riche, n'a jamais été qualifié d'homme spéculatif. Il faisait partie de ces personnes considérées comme « très en sécurité à tous égards ». Personne ne prenait autant de soin que lui à enquêter sur les valeurs mobilières, personne n'était plus soucieux de détecter un risque éventuel, et ses placements, sa capacité financière, l'ensemble lui conférait une position qu'il appréciait profondément.

Mais, comme dans les personnages les plus parfaits il y a un défaut, et comme dans l'armure il y a un point vulnérable, dans les relations commerciales il y a parfois un point faible.

Il n'était pas assez large d'esprit pour admettre qu'il avait tort. Il ne supportait pas qu'on le soupçonne d'avoir commis une erreur ; et il se retrouvait parfois face à un dilemme, et trouvait que les cornes étaient très pointues.

Il aimait tellement le pouvoir, dicter et diriger, diriger d'une main dure et lourde, qu'il prenait parfois une vision erronée d'une question, puis sacrifiait ses propres intérêts plutôt que d'avoir tort.

A ce moment, il fut confronté à une terrible erreur. Il réfléchit et réfléchit jusqu'à en être fatigué, comment y faire face et s'en sortir. Il ne pouvait perturber ses autres investissements, sauf à une perte ruineuse. Il en avait été si certain qu'il avait bloqué pendant un certain temps le capital flottant sur lequel il pouvait généralement s'appuyer, et il s'est retrouvé pour la première fois presque bloqué.

Ce n'était pas seulement la possibilité de lourdes pertes, mais le fait qu'il savait si bien que, lorsque tout serait connu, comme il fallait le savoir — à moins qu'il ne parvienne à tout arranger — cela ébranlerait sa position partout.

Des gouttes froides jaillirent de son front alors qu'il envisageait rapidement toutes ces possibilités. Il vit, comme dans une longue perspective, tout ce qui lui tenait à cœur, tout ce pour quoi il avait travaillé, balayé, et lui-même se tenant là, sans ami, la risée de ceux-là mêmes qui le flattaient maintenant et essayaient de profiter de sa compréhension supérieure des questions financières.

Il a saisi un livret de train. Il n'y avait qu'une seule chance : M. Drayton.

Sa sœur lui avait parlé de lui, et il était certain que, comme il avait vu ses nièces à Lornbay, il y retournerait.

Il y irait et il y parviendrait. Il n'y a eu aucune ruine pour M. Drayton, ni aucune perte de position. En supposant qu'il perde, tout le monde le considérait comme un aimable imbécile en matière d'affaires. Il n'avait aucune position à perdre ; ce ne serait pas une chute comme la sienne ; et il n'y aurait aucune perte. Ce n'était qu'un embarras temporaire.

Il sonna de nouveau, et Jean vit qu'il était maintenant tout à fait dans son ancienne humeur péremptoire et magistrale.

"Laissez-moi manger quelque chose tout de suite et dites à Robert de faire mes valises à nouveau. Pourquoi il ne répond pas à ma sonnette, je n'arrive pas à le comprendre. A quoi sert-il ?"

« Ne sachant pas que tu serais à la maison si tôt, Robert est allé faire quelques messages ; mais je l'attends dans un instant ou deux. Alors je ne draperai pas ton lit ?

Elle parlait d'un ton interrogateur ; son âme économe soucieuse de ne pas froisser le linge en cours d'aération, s'il n'est pas nécessaire.

"Je dois y aller immédiatement. Je vais à Lornbay. Je suppose que tu n'as pas de message ?"

"Je ne vous dérangerai pas avec des messages. J'utilise toujours ma plume quand il le faut", dit-elle très calmement, et elle se dépêcha de lui apporter ce à manger qui n'est jamais une grande difficulté entre les mains d'un cuisinier expérimenté.

On peut dire qu'elle a écrit à sa maîtresse, comme elle appelait toujours Mme Dorriman, le soir même, et lui a donné une description graphique de l'arrivée de M. Sandford.

Comme c'est souvent le cas, le cœur de sa lettre résidait dans le post-scriptum.

"Vous serez heureux d'apprendre, moi, que, même s'il était très chic et pointilleux, il n'était pas seulement très déchaîné, et il buvait son thé et mangeait tous les toasts", a écrit Jean, qui ne l'avait jamais vu condescendre auparavant. à un tarif aussi simple.

Après tout, M. Sandford n'a pas commencé ce soir-là. Il réfléchit que, comme il était inquiet, il ne devait pas montrer son inquiétude ; et aussi ce sentiment d'indisposition qu'il ne reconnaissait pas lui fit remettre son voyage au lendemain, report qui rencontra la plus entière approbation de Jean. Pourquoi les gens devraient passer leurs nuits à gronder et à dégringoler, alors qu'ils pourraient être dans leur lit, était pour elle l'une des choses les plus surprenantes de la vie, et elle pensait qu'il était « sage » de ne pas le faire.

Mais cet ajournement faisait une différence : au lieu de surprendre tout le monde, M. Sandford était attendu. Le trio était seul, et personne, pour autant qu'il puisse en être sûr, ne restait là d'intérêt pour lui.

Mme Dorriman était heureuse qu'il soit venu. Elle était toujours reconnaissante de partager toute responsabilité ; et elle le trouvait malade, ce qui l'adoucit toujours envers lui.

Ses sentiments pour lui avaient en effet beaucoup changé, et elle ne pensait jamais avec amertume à ses anciens méfaits à son égard. Le temps, qui adoucit un chagrin, guérit bien des différences ; et, même si elle avait toujours la conscience d'avoir été peu utilisée, elle se surprenait constamment à faire des concessions pour lui, et la compassion commençait à atténuer toutes ses sources d'irritation contre lui.

La lettre de Jean, postée dans la nuit, arrivait juste après le petit déjeuner ; les filles étaient consternées ; ils s'étaient séparés de lui avec des sentiments de colère, et maintenant, comment allaient-ils se rencontrer ? Margaret, appelant Grace en vain pour l'accompagner, partit pour une longue expédition parmi les collines inférieures qui couronnaient les hauteurs derrière Lornbay. D'en haut, elle obtint une vue plus large et, tenant Tennyson dans ses mains, avec qui elle passa tous ses moments les plus heureux, elle se prépara à errer loin, non fâchée d'être seule et se sentant en sécurité dans la compagnie de M. Paul Lyons ou de M. Paul Lyons. de n'importe laquelle de ces femmes banales, quoique amicales, qui s'étaient peu à peu rassemblées autour de Mme Dorriman et qui mettaient à rude épreuve la patience de Margaret.

Un jour viendrait-il un jour, pensait-elle souvent avec une impatience de jeune fille, où les intérêts de la vie se limiteraient à un nouveau modèle de point de croix ou de travail en équipage, et au manque de goût dans la façon dont quelqu'un serre un arc ? sur le côté d'une casquette. Ces questions insignifiantes étaient si éloignées de tout ce qui pouvait l'intéresser, qu'elle méprisait les gens qui les considéraient évidemment comme importants.

Margaret commençait également à faire une autre découverte, qui la remplissait de douleur et même de terreur. Elle avait un esprit trop franc pour ne pas s'avouer une vérité, même à contrecœur, et la vérité qui l'effrayait et la consternait était la grande différence qui existait entre sa sœur et elle.

Toute sa vie, elle avait admiré Grace, l'avait admirée et vénérée. Chaque jour lui montrait désormais que Grace avait, à tous égards, un niveau inférieur au sien. Elle se contentait de passer son temps dans une oisiveté parfaite et complète ; elle ne voulait même plus parler de sujets importants avec sa sœur. Toutes ces questions de pensée religieuse qui se posent à une jeune fille lorsque son esprit commence à tirer ses propres conclusions et qu'elle se débarrasse des frontières et des lignes qui ont été jusqu'alors les guides acceptés de toutes ses croyances, étaient trop évidemment répugnantes pour être abordées. Il faut persister dans la grâce. Nous estimons qu'il est irrévérencieux de permettre à une main négligente de toucher nos pensées les plus saintes et les plus élevées, comme nous le faisons si un moqueur entre avec nous dans une église. La pauvre Marguerite, souvent perplexe, se posant des questions qui ont toujours déconcerté les hommes les plus sages, accusait son propre manque de perception de ne pas comprendre. Elle avait un idéal élevé, un désir du meilleur, et elle était souvent malheureuse à cause d'un prétendu manquement d'une foi qui n'était pas inébranlable. Se tourner vers Grace, qui était, pensait-elle, jusqu'à présent sa supérieure en termes d'intelligence, aurait été pour elle un réconfort infini.

Mais ce n'était pas seulement sur ces points plus profonds que les sœurs différaient. Grace, pleine de vanité, était insatiable dans son appétit d'applaudissements. Elle se donnait beaucoup de mal pour attirer l'attention, la concevant invariablement comme une admiration. Tout l'amour de Margaret pour elle ne pouvait pas cacher ce fait à ses yeux grands ouverts, et, pour le caractère supérieur de la sévère jeune sœur, cette vanité intense était presque un défaut pire qu'un défaut peut-être d'un type plus fort. Cela lui semblait absolument indigne de la dignité d'une femme et d'une femme telle que Grace.

Dans la pièce qu'ils partageaient ensemble, chaque bougie était posée sur la vitre, et le temps que Grace prenait pour boucler, friser et boucler ses cheveux n'en laissait aucun à Margaret. Heureusement, par hasard, ses cheveux longs et épais étaient simplement lissés en arrière et tordus en une bobine qui ne nécessitait que quelques instants pour les arranger.

Ces moments, pendant lesquels les jeunes yeux graves de Margaret étaient fixés avec étonnement sur sa sœur, étaient pleins de douleur pour elle. Alors l'habitude de Grace de rire d'une question, ses petits caprices et ses tromperies transparentes, remplirent d'appréhension la sœur cadette. Aussi imaginative qu'elle fût, la vérité s'exagérait à ses yeux inexpérimentés, et elle voyait sa sœur s'éloigner d'elle et glisser chaque jour vers un niveau inférieur, tandis qu'elle restait là, impuissante. Ces pensées remplissaient son esprit, à l'exclusion de toute autre chose ; elle essaya de lire, elle essaya de profiter du grand plan d'eau, des collines bleues et pâles aux lumières variées, mais son cœur était lourd, et elle s'assit au pied d'une gorge abrupte et rocheuse et s'abandonna à la mélancolie. reflets.

Puis quelque chose se passa – quoi, elle ne sut jamais vraiment – mais il y eut un cri soudain, une précipitation et une chute du rocher sous lequel elle était assise, et une silhouette essayant en vain de se protéger s'écroula et resta sans défense à quelques mètres de l'endroit où elle se trouvait. , avec l'instinct de conservation, Margaret avait bondi. Pendant une seconde, elle resta essoufflée, tremblante de partout sous le choc et l'effroi soudains, puis elle se ressaisit et monta rapidement vers la forme prostrée, allongée si immobile qu'elle eut peur que la mort ne l'affronte.

Elle reprit courage, déplaça la casquette de traqueur à carreaux qui lui tombait sur le visage, et elle vit un homme, pas très jeune, les yeux fermés et les dents serrées, un air d'agonie imprimé sur ses traits.

Avec la nécessité d'aide est venue la force ; elle courut jusqu'à la brûlure et trempa son mouchoir dans l'eau, lui baigna la bouche, les yeux et le front, puis, voyant comment il gisait, tout en tas, elle le déplaça doucement pour qu'il puisse respirer plus facilement, puis elle s'agenouilla et prié de tout son cœur. Il lui sembla attendre longtemps avant de montrer le moindre signe de vie, et le pauvre enfant devenait très nerveux et très anxieux ; elle ne pouvait pas le laisser seul là-bas, pensa-t-elle, jusqu'à ce qu'elle sache comment cela se passerait ; et elle continua à lui tamponner le visage et les mains, avec le très faible espoir qu'il réponde à ses efforts. Mais enfin, la vie, qui avait été si près d'être secouée de ce grand corps massif, commença à picoter une fois de plus dans ses veines, et, après un long soupir frémissant et une exclamation de douleur étouffée, ses yeux s'ouvrirent et fixèrent les siens avec indifférence. perplexité totale. Il l'avait entendue prier.

"Je t'ai vu tomber ; il n'y avait personne d'autre ; es-tu très blessé ?" » dit Margaret avec inquiétude, d'un seul coup.

"J'en ai bien peur", répondit-il, et les tons graves de sa voix étaient pleins de douleur réprimée.

"Pouvez-vous bouger ? Devez-vous avoir peur d'être abandonné ? Dois-je demander de l'aide ?"

Il luttait pour se maîtriser ; il était évident que la douleur le submergeait presque, et le cœur de Margaret était si plein de compassion qu'elle n'avait plus de place pour la nervosité. Elle fut touchée au-delà de toute mesure lorsqu'elle remarqua qu'au milieu de toutes ses souffrances, il pensait à elle et qu'il essayait de supprimer tous les signes de ce qu'il endurait. Il ne put parler pendant un moment ou deux, puis il dit précipitamment :

"Mes hommes veillent sur moi. Si vous le pouvez, attachez un mouchoir à mon bâton. Ils devaient me chercher ici." Au bout d'un moment ou deux, il dit : « Si cela ne vous dérange pas de rester... jusqu'à ce qu'ils arrivent... » et, au grand désarroi de la pauvre Margaret, il repartit dans l'insensibilité.

Elle a agi comme il le lui avait dit et a eu le réconfort de voir un bateau se détacher. Elle ne remarqua pas de quel navire il venait, mais elle revint en toute hâte à ses côtés et renouvela ses efforts avec son mouchoir dégoulinant.

Puis, alors que les hommes débarquaient, elle descendit vers eux sur le rivage et leur dit qu'il y avait eu un accident ; et, au bout d'un instant ou deux, le malheureux héros de l'aventure fut entouré de bras puissants et d'aides visiblement anxieuses, et Margaret s'éloigna. Elle se sentait très fatiguée en rentrant chez elle. L'anxiété est toujours une fatigue bien plus grande que l'effort physique, et elle s'affaissa en arrivant à l'hôtel. Puis elle se traîna à l'étage et fut ravie de se retrouver seule avec Mme Dorriman.

Mme Dorriman était tranquillement occupée à mettre à jour ses comptes et était satisfaite de constater que son frère, s'il le souhaitait, pouvait les inspecter sans pouvoir trouver à redire. Mais M. Sandford n'était pas du tout avare ni exigeant en matière d'argent ; et Mme Dorriman, tandis qu'elle écrivait la conclusion, ne put s'empêcher de pousser un soupir en pensant à quel point la méthode et la propreté de tout cela avaient été gâchées, puisqu'aucun autre œil ne verrait probablement jamais ce livre bien tenu, sauf le sien. .

Elle leva les yeux et vit Margaret – pâle jusqu'aux lèvres – s'enfoncer avec lassitude dans un fauteuil ; et elle était debout et alarmée directement.

"Un accident", murmura la pauvre Margaret. "Oh, non, pas pour moi", continua-t-elle alors que l'alarme de Mme Dorriman augmentait ; et puis la frayeur, la fatigue et tout le reste l'ont brisée, et elle a pleuré ; et la pauvre femme, ahurie, était encore plus désemparée que d'habitude.

Margaret ne pouvait pas descendre déjeuner ; comme d'habitude chez elle, chaque fois qu'elle était trop excitée, sa tête la battait violemment, mais elle refusait d'aller se coucher. "Je n'ai eu aucun accident, je ne suis pas blessée", a-t-elle déclaré en riant un peu hystériquement, "mais je pensais qu'il avait été tué. C'était tellement épouvantable".

Mme Dorriman l'a caressée, lui a fait manger de la soupe et l'a laissée sur le canapé pendant qu'elle allait trouver Grace et descendre.

Plus tard, il y eut du tumulte en bas, une agitation comme celle d'un nouvel arrivant. Margaret l'entendit sans le relier à son aventure. Ce sentiment apathique de langueur qui succède généralement à l'excitation l'avait envahie, et elle restait tranquille, sans dormir, sans même réfléchir, tous ses sens bercés dans un repos absolu. Grace entra là-dedans, excitée, bouillonnante de nouvelles.

"Marguerite !" s'écria-t-elle en se précipitant aux côtés de sa sœur et en parlant de sa voix aiguë et claire, "un pauvre homme, le propriétaire de ce charmant yacht que nous avons vu entrer hier soir, a failli être brisé en morceaux, et ils l'ont amené ici. . Son nom est Sir Albert Gerald, et je l'ai vu porter. Il est merveilleusement beau, et c'était tout à fait romantique de le voir sur ses coussins de bateau soigneusement disposés et portés à hauteur d'épaule par ses bateliers.

"Je sais", dit Margaret en posant sa main sur sa tête douloureuse, "je l'ai vu tomber, Grace. Il est tombé à côté de moi, là où j'étais assise, et j'ai cru qu'il avait été tué."

"Tu l'as vu tomber ! Margaret, quelle aventure, et t'a-t-il parlé ? T'a-t-il vu ? Qui était là ?"

"L'équipage de son bateau l'a ramené à la maison, tu as dit ?" et Margaret, qui ne pouvait pas entrer dans tous les détails, se retourna avec lassitude, comme si elle avait hâte de rester seule.

Et Grace s'est détournée. Margaret l'avait vu tomber, mais c'était tout, pensa-t-elle.

Ce soir-là, M. Sandford se rendit à Lornbay. Grace fut la première à le saluer, et toute émotion qui aurait pu marquer la rencontre fut entièrement balayée par son sang-froid.

Margaret se sentit davantage, mais elle fut frappée par une expression d'inquiétude et de mauvaise santé visible sur son visage, et elle était désolée pour lui, et son chagrin lui donnait une gentillesse à laquelle il n'était pas préparé. Il ne les dérangea pas beaucoup avec sa société, mais partit pour découvrir quand M. Drayton était susceptible d'arriver ; une douceur inattendue avait caractérisé sa rencontre avec les filles, pour laquelle il se sentait dûment reconnaissant.

De nombreuses lettres attendaient l'arrivée de M. Drayton. Plusieurs dans la main bien connue de son directeur, l'homme qui s'opposait si fermement à tous les projets, comme celui-là même que M. Sandford était là pour lui faire pression.

Il n'était pas étonnant que le propriétaire, ainsi que tous ceux qui étaient liés à l'endroit, fussent conscients du terrible accident qui avait amené Sir Albert Gerald à l'hôtel, et on craignit également jusqu'à sa tombe, car il était très malade. Un bras était cassé à deux endroits et il avait subi, craignait-on, des blessures internes qui rendaient sa guérison difficile.

M. Sandford entendit sans plus qu'un intérêt passager l'histoire de l'accident, racontée avec cette attention minutieuse portée aux détails sans importance, qui caractérise un récit entre les mains de ceux à qui tous les événements étranges apparaissent sous une forme exagérée. Il ne connaissait pas le nom de cet homme, même s'il était destiné à bien le connaître un jour. Il était désolé pour lui et c'est tout.

La personne qui estimait que l'arrivée de M. Sandford revêtait une réelle importance était Lady Lyons, à côté d'elle, son fils. Lady Lyons, qui voyait toujours moins ou considérablement plus dans chaque action qui la touchait d'une manière ou d'une autre, et bien sûr son fils, parvinrent immédiatement à une conclusion.

"C'est ce que je trouve bon", dit-elle au jeune homme étonné, poursuivant ainsi sa pensée à haute voix, comme elle le faisait parfois, et le déroutant ainsi quelque peu.

"Mère ! Qu'est-ce que tu trouves bon ?"

" L'arrivée de M. Sandford ; est-il possible, mon cher Paul, que vous n'en compreniez pas toute l'importance. N'avez-vous pas réalisé ce que cela signifie ? "

"Certainement pas."

— Les hommes sont terriblement denses, dit la mère avec un geste d'impatience.

"Voulez-vous m'éclairer, puisque je ne suis qu'un homme et si dense." Il a parlé sur un ton de plaisanterie bonne humeur.

"Mon cher Paul," commença-t-elle en le regardant avec beaucoup d'affection, "tu as été un bon fils, un fils dévoué, et dans ce cas, je suis sûre qu'un sage - tu es resté loin de Margaret Rivers jusqu'à ce que quelque chose se passe. Ne voyez-vous pas maintenant dans l'arrivée de M. Sandford une inquiétude de voir — non pas ses nièces, dont il s'est séparé il n'y a pas si longtemps — mais vous, Paul, *vous* ! ce trimestre-là, mon garçon, je n'ai rien négligé), et il a *peut* -être entendu dire que Margaret était encline à répondre, hein !

"Ma pauvre et chère mère," dit Paul, "si les hommes sont denses comme vous le dites, l'imagination des femmes dépasse néanmoins toute croyance."

"Imagination fondée sur des faits, mon cher Paul."

" Mère, " commença-t-il d'un ton dont elle ne comprenait pas l'amertume, " cela vous blessera-t-il de savoir qu'en cette affaire je n'ai pas été un fils aussi dévoué ? Pardonnez-moi, mais l'amour était plus fort que le devoir. J'ai essayé difficile de gagner Margaret, je l'ai suppliée, elle a dû voir que j'étais sérieux, elle devait savoir que je l'aimais... Elle m'a refusé, ma mère, m'a refusé comme quelqu'un en dessous d'elle, et elle avait raison, elle J'ai dit que j'étais un garçon et un rien. Je vous l'ai dit, car vous bâtissiez de faux espoirs, mais je ne peux pas en reparler.

Il se détourna et sa mère se redressa dans son grand étonnement. Toute mortification de ne pas avoir finalement suivi son conseil fut oubliée dans sa suprême surprise que son fils ait effectivement été refusé.

Naturellement, sa vision maternelle de la question lui rendait cela étrange ; elle était si étonnée qu'elle perdit momentanément la parole et poussa de petites exclamations impuissantes qui n'exigeaient aucune réponse.

Puis brusquement il la quitta, se sentant trop profondément pour supporter de l'entendre en parler. En ce moment, M. Drayton retournait à Lornbay, espérant y trouver Margaret toujours, et ne prévoyant pas l'arrivée de M. Sandford, ni, en bref, aucun changement dans leurs arrangements.

Il était naturel que Margaret demande, de jour en jour, comment se porte le pauvre blessé. Dans une vie où aucun incident majeur ne s'était produit, une telle aventure, en elle-même, était pleine d'un intérêt intense et douloureux, mais elle se souvenait toujours de sa merveilleuse maîtrise d'elle-même et de sa pensée ; à un tel moment, la douleur devait être effrayante, et pourtant il avait essayé d'en supprimer tous les signes extérieurs. L'expression de ses yeux sombres la hantait ; un tel aperçu de la véritable nature de cet homme lui avait été donné. Devraient-ils un jour se revoir ? Elle ne le pensait pas ; déjà on parlait de leur retour à la maison, et peut-être qu'ils partiraient avant qu'il ne se rétablisse. Elle était totalement inconsciente, de son côté, d'avoir fait quelque chose qui méritait d' être remerciée, et elle n'était pas tout à fait sûre si, s'ils se rencontraient, cette heure courte mais angoissante constituerait une connaissance.

Cependant, après avoir oscillé entre la vie et la mort pendant de nombreuses heures éprouvantes, Sir Albert Gerald s'est ressaisi. Il avait trente-deux ans, dans la fleur de l'âge et de la force ; les symptômes défavorables disparurent un à un et il commença à se redresser. Sa première pensée, alors qu'il revenait à sa pleine conscience, et que toute sa douleur et son agonie cédaient peu à peu à ses puissants pouvoirs de guérison, fut pour la jeune fille qui, ressemblant à un ange compatissant, s'était courageusement assise seule avec lui, et l'avait, par sa présence d'esprit, sauvé ; et il avait vu ses larmes. Si elle n'avait pas été là... Il y aurait eu une recherche tardive ; ses hommes auraient pu trouver étrange que le signal attendu n'ait pas été émis et l'auraient peut-être recherché. Puis il se dit qu'il aurait été trop tard. Il se demandait qui elle était, où elle habitait et comment il pourrait un jour la remercier, ne connaissant pas son nom, lorsqu'un jour son domestique rangeait ses livres et qu'il lui demanda d'en mettre un ou deux à côté de lui, il se sentit peut-être enclin à lire. Cependant, il resta immobile ; terriblement affaibli comme il l'était, il redoutait de bouger. Il était si meurtri et si meurtri qu'il semblait impossible qu'il puisse un jour traverser les collines et reprendre l'une de ses anciennes occupations. Son regard s'attardait paresseusement sur la reliure des livres devant lui, et il se demandait si cela lui ramènerait de la souffrance s'il en examinait un.

Les pensées deviennent monotones lorsqu'elles sont pleines d'une certaine peur ; puis, avec cette reconnaissance rapide des petits faits qui accompagne souvent une grande prosternation de force, il aperçut un livre étrange posé parmi les siens. Avec beaucoup de précautions et non sans quelque douleur, il tira le livre vers lui, et, avec toute la difficulté d'un homme habitué à se servir de sa main droite, désormais si inutile, il l'ouvrit. « Tennyson ! » se dit-il doucement ; puis il regarda la page de garde et vit écrit, dans un étalement de fille informe, Grace Rivers. "Comment ce livre est-il arrivé parmi les miens ?" pensa-t-il, perplexe et intrigué. John, attentif, entra de nouveau et son maître lui posa la question.

"Il gisait près de vous lorsque vous êtes tombé, Sir Albert. Je ne savais pas que ce n'était pas le vôtre."

"Ah, je vois", dit son maître, heureux de savoir qu'il connaissait désormais le nom de la jeune fille qui vivait si distinctement dans sa mémoire. Un peu plus tard, il appela son domestique et se plaignit de l'ennui qu'il ressentait là.

"Peut-être que le propriétaire viendrait me parler ; ce serait mieux que rien."

"Oui, Sir Albert."

" A moins qu'il ne soit occupé. Je n'ai rien de particulier à lui dire. Tu lui expliqueras ça. "

"Oui, Sir Albert."

"Attendez que ce soit clair", continua le malade, mais John était hors de portée.

Le temps semblait passer plus lentement maintenant qu'une certaine attente pesait sur ses ailes, mais Sir Albert dirigeait son esprit avec patience. C'était très agréable d'avoir une idée ; jamais il ne s'était senti autant intéressé par une jeune femme auparavant. C'était naturel ; il n'avait jamais eu besoin d'une telle aide auparavant. C'était tout à fait exceptionnel. Il y avait tout à fait les bases d'une romance, en supposant qu'il était plus jeune qu'il ne l'était et qu'il n'était pas si sensé. Un homme plus jeune et plus susceptible serait peut-être tombé amoureux à ce moment-là. Et puis il a ri un peu. C'était effectivement absurde !

FIN DU VOL. JE.

www.ingramcontent.com/pod-product-compliance
Lightning Source LLC
LaVergne TN
LVHW042158190726
843493LV00006B/1725